Carl-Auer

AF639334

Danksagung

Mein persönlicher Dank gilt einigen Personen, ohne deren Anregungen und Vorbild dieses Buch nicht möglich und nicht notwendig geworden wäre (in alphabetischer Reihenfolge):

███ ██ ███, ███ ███, ███ ███ ███,
███ ███, *Joseph Goebbels,* ███ ███,
Adolf Hitler, ███ ███, ███ ███,
Benito Mussolini, ███ ██ ███, ███ ███,
███ ███, ███ ███, ███ ███

Die Namen der lebenden Personen wurden auf Anraten der Rechtsabteilung des Verlages geschwärzt.

Fritz B. Simon

Anleitung zum Populismus

oder: Ergreifen Sie die Macht!

Zweite Auflage, 2024

Mitglieder des wissenschaftlichen Beirats des Carl-Auer Verlags:

Prof. Dr. Dr. h. c. Rolf Arnold (Kaiserslautern)
Prof. Dr. Dirk Baecker (Dresden)
Prof. Dr. Ulrich Clement (Heidelberg)
Prof. Dr. Jörg Fengler (Köln)
Dr. Barbara Heitger (Wien)
Prof. Dr. Johannes Herwig-Lempp (Merseburg)
Prof. Dr. Bruno Hildenbrand (Jena)
Prof. Dr. Karl L. Holtz (Heidelberg)
Prof. Dr. Heiko Kleve (Witten/Herdecke)
Dr. Roswita Königswieser (Wien)
Prof. Dr. Jürgen Kriz (Osnabrück)
Prof. Dr. Friedebert Kröger (Heidelberg)
Tom Levold (Köln)
Dr. Kurt Ludewig (Münster)
Dr. Burkhard Peter (München)
Prof. Dr. Bernhard Pörksen (Tübingen)
Prof. Dr. Kersten Reich (Köln)
Dr. Rüdiger Retzlaff (Heidelberg)
Prof. Dr. Wolf Ritscher (Esslingen)
Dr. Wilhelm Rotthaus (Bergheim bei Köln)
Prof. Dr. Arist von Schlippe (Witten/Herdecke)
Dr. Gunther Schmidt (Heidelberg)
Prof. Dr. Siegfried J. Schmidt (Münster)
Jakob R. Schneider (München)
Prof. Dr. Jochen Schweitzer † (Heidelberg)
Prof. Dr. Fritz B. Simon (Berlin)
Dr. Therese Steiner (Embrach)
Prof. Dr. Dr. Helm Stierlin † (Heidelberg)
Karsten Trebesch (Dallgow-Döberitz)
Bernhard Trenkle (Rottweil)
Prof. Dr. Sigrid Tschöpe-Scheffler (Köln)
Prof. Dr. Reinhard Voß (Koblenz)
Dr. Gunthard Weber (Wiesloch)
Prof. Dr. Rudolf Wimmer (Wien)
Prof. Dr. Michael Wirsching (Freiburg)
Prof. Dr. Jan V. Wirth (Meerbusch)

Umschlaggestaltung: Uwe Göbel mit Alicia Rieke
Redaktion: Vera Kalusche
Satz: Verlagsservice Hegele, Heiligkreuzsteinach
Printed in Germany
Druck und Bindung: CPI books GmbH, Leck

MIX
Papier | Fördert gute Waldnutzung
FSC® C083411
www.fsc.org

CPI klimaneutral
Mehr Bäume. Weniger CO_2

Zweite Auflage, 2024
ISBN 978-3-8497-0297-7 (Printausgabe)
ISBN 978-3-8497-8185-9 (ePUB)
© 2019, 2024 Carl-Auer-Systeme Verlag
und Verlagsbuchhandlung GmbH, Heidelberg
Alle Rechte vorbehalten

Bibliografische Information der Deutschen Nationalbibliothek:
Die Deutsche Nationalbibliothek verzeichnet diese Publikation in der Deutschen Nationalbibliografie; detaillierte bibliografische Daten sind im Internet über http://dnb.d-nb.de abrufbar.

Informationen zu unserem gesamten Programm, unseren Autoren und zum Verlag finden Sie unter: **https://www.carl-auer.de/**.
Dort können Sie auch unseren Newsletter abonnieren.

Carl-Auer Verlag GmbH
Vangerowstraße 14 • 69115 Heidelberg
Tel. +49 6221 6438-0 • Fax +49 6221 6438-22
info@carl-auer.de

Inhalt

1 Wozu dieses Buch? *(Das Programm)*

Sie sind schon lange unzufrieden mit der Situation in Ihrem Land: Die Politiker erscheinen Ihnen allesamt korrupt oder unfähig, oft beides. Es sind Karrieristen, die in erster Linie auf ihren eigenen Vorteil achten und das Land, in dem sie leben, nicht wirklich lieben und es zugrunde richten.

Konsequenz: Sie müssen selbst die Macht übernehmen. Dann können Sie alles ändern, was in diesem Land nicht in Ordnung ist, und das ganze politische System, so, wie es zurzeit besteht, in die Tonne hauen und für eine neue, bessere, straffere und gerechtere Ordnung sorgen.

Auch mit Ihrer persönlichen Lage sind Sie nicht sonderlich glücklich – nicht, weil es Ihnen finanziell schlecht gehen würde – in der Hinsicht sind Sie einigermaßen zufrieden –, sondern weil Sie sich und Ihresgleichen sowie die Leistung, die Anstrengungen, die Ihnen allen seit langer Zeit zugemutet werden, nicht anerkannt fühlen: Man hört einfach nicht auf Sie.

Höchste Zeit, dass Sie den Laden übernehmen!

Im Folgenden werden Sie eine Anleitung erhalten, wie Sie das möglichst schnell und kostengünstig tun können – wobei das »Sie« sowohl als Einzahl wie auch als Mehrzahl zu lesen ist, das heißt Sie als Individuum und auch Sie als Gruppe Gleichgesinnter meint –, auch wenn Sie sich wie alle vernünftigen und anständigen Bürger bislang von der politischen Bühne ferngehalten haben. Aber, das sei Ihnen als Warnung mitgegeben, diese vornehme Zurückhaltung müssen Sie aufgeben. Und Sie dürfen nicht kleckern, sondern

Sie müssen klotzen. Doch das ist heute nicht mehr so schwer wie früher, da nicht mehr eine Presse, die in der Hand weniger internationaler Konzerne und ihrer kapitalkräftigen Hintermänner liegt, allein die politischen Prozesse steuert, sondern das Volk durch die Segnungen des Internets endlich selbst unzensiert zu Wort kommt. Manchmal wird eben doch nicht alles schlechter in der Welt. Sie als Person und die Gruppe Ihrer Mitstreiter werden dafür sorgen, dass alles besser wird, wenn Sie die auf den folgenden Seiten durchdeklinierten Methoden (üblicherweise als »Populismus« bezeichnet) anwenden.

Noch eine Anmerkung: Obwohl populistische Strategien von Frauen genauso kompetent angewandt werden können wie von Männern, sind männliche Leitfiguren damit erfolgreicher. Der Kraftstoff, der den Motor des Populismus am Laufen hält, ist Testosteron.

2 Suchen Sie sich Mitstreiter! *(Die Verschwörung)*

Was Sie ja schon lange wussten und erleben mussten: Allein sind Sie ein Nichts! Sie können nichts bewirken, Ihre Meinung interessiert niemanden und Sie werden allein nie die Macht haben, Ihre Ziele durchzusetzen. Die Erklärung dafür ist relativ einfach. Sie wird ganz gut durch die alte Straßenkämpferweisheit, dass fünf Finger eine Faust sind, illustriert. Denn einen einzelnen Finger können Sie bestenfalls zu bedeutsamen Gesten gebrauchen: den erhobenen Zeigefinger zum Ermahnen und Drohen; den Mittelfinger, um Verachtung zu zeigen; den erhobenen oder gesenkten Daumen, um Zustimmung oder Ablehnung zu signalisieren. Was die Handlungsfähigkeit angeht, kann ein einzelner Finger bestenfalls in der Nase bohren, während eine Faust kräftig zuschlagen kann. Also, wenn Sie schlagkräftig werden wollen, suchen Sie sich Mitstreiter.

Dieses Bild erfasst den Kern politischer Prozesse: Es sind Kommunikationsprozesse. Und allein kann man nun mal nicht kommunizieren, wenn man sich nicht mit Selbstgesprächen begnügen will, die nur frustrieren, weil sie jedes Mal aufs Neue erleben lassen, wie allein und unverstanden man ist. Wenn Sie hingegen Mitstreiter finden, so können Sie gemeinsam die Keimzelle einer mächtigen Bewegung bilden, in der nicht nur anders als im Rest der Gesellschaft gesprochen und gedacht wird, sondern Sie können sich dort auch als Einzelpersonen in Ihrer Sichtweise gegenseitig bestätigen und stützen. Ohne eine derartige Ihr Weltbild (welches das auch immer sein mag) bestätigende Kommunikation mit anderen Menschen besteht ja immer die Gefahr, dass Sie an Ihrer Bewertung der aktuellen politischen Lage und schließlich an sich selbst zu zweifeln beginnen ...

Wie jeder Versuch, einen Gipfel zu erklimmen, beginnt auch der Marsch des Populismus mit dem ersten Schritt, und der besteht darin, einen ersten Verbündeten zu finden. Zwei Leute bilden schon eine soziale Einheit, die beginnen kann, eine Gegenwelt aufzubauen. Dazu brauchen Sie einen Menschen, der – im Idealfall – mit Ihnen durch dick und dünn geht, Ihnen blind und unkritisch vertraut und nicht nur grenzenlos loyal ist, sondern Sie verehrt. Wann immer Ihnen auf Ihrem Weg an die Spitze Zweifel kommen, ob Sie es schaffen, wird er Ihnen durch seinen Glauben an Sie helfen, die Zuversicht zurückzugewinnen. Solch ein verschworener Kamerad braucht nicht der hellste zu sein, ja, es könnte sogar nützlich sein, wenn er schlichteren Gemüts und Geistes ist, weil ihm das erlaubt, Sie vollen und reinen Herzens zu bewundern und sich in seinem Denken und Handeln an Ihnen zu orientieren.

Wenn Dritte mit Ihnen in Kontakt kommen und Sie beide in Ihrer Übereinstimmung erleben, hat das verführerische Aspekte. Sie wollen – unter bestimmten Voraussetzungen, die noch zu diskutieren sind – dazugehören, Mitglied einer Gruppe werden, zu der zu gehören als Ehre erlebt wird. Deswegen sollten Sie auch nicht wie fliegende Händler, die an der Haustüre Zeitschriftenabonnements verkaufen, um Mitglieder werben, sondern ein elitäres Bewusstsein demonstrieren. Errichten Sie Zugangsbeschränkungen und erfinden Sie Initiationsriten für diejenigen, die schließlich aufgenommen werden. Wer dazu gehören will, muss körperliche Risiken eingehen und/oder seelische Schmerzen ertragen. Wer nicht bereit ist, Opfer für die Sache zu erbringen, hat in Ihrer zur Führung einer Bewegung berufenen Gruppe nichts zu suchen, das muss jedem bewusst sein. Nebenbei bemerkt: Die Erfindung solcher Rituale (nach dem Muster des Spießrutenlaufs) erfordert Kreativität und kann für diejenigen, die schon dazugehören, sehr vergnüglich und befriedigend sein und ihnen noch einmal vor Augen führen, wie toll es ist, bereits zum Kreis der Eingeweihten zu gehören.

Was Sie für den langfristigen politischen Erfolg brauchen, ist eine überschaubare, verschworene Kerngruppe. Acht bis zwölf Personen reichen, um den Weg an die Macht zu beginnen. Wenn möglich, sollten Sie diese Personen selbst aussuchen und dafür sorgen, dass sie Ihnen gegenüber – warum und wie auch immer – verpflichtet und dankbar sind. Das fördert die Loyalität und sichert Ihre führende Position innerhalb der aufzubauenden Organisation.

Von der Sache her dürfen die Mitglieder Ihrer Gruppe durchaus verschiedene Ziele und Interessen haben, solange sie sich einig sind, *gegen* (!) wen oder was es zu kämpfen gilt. Langfristig kann es sogar von Vorteil ein, wenn Ihre Kampfgenossen unterschiedliche Ziele verfolgen, denn das sichert Ihnen als Person die herausgehobene Stellung als Leader der Bewegung.

3 Erzählen Sie eine Geschichte, in der jeder gerne vorkommen möchte! *(Die Story)*

Die Welt ist undurchschaubar in ihren Wechselbeziehungen. Das verwirrt die meisten Menschen und führt dazu, dass sie sich ohnmächtig unkalkulierbaren Kräften ausgeliefert fühlen. Sie suchen dann nach Erklärungen für das, was mit ihnen und ihren Mitmenschen geschieht. Dies ist der archimedische Punkt, von dem aus Sie die Welt aus den Angeln heben können.

Menschen denken in Geschichten. Geschichten sind daher das beste Mittel, das Denken der Öffentlichkeit in Ihrem Sinne zu beeinflussen. Die Gründe, warum Geschichten so nützlich sind, liegen in mehreren gleichzeitigen Wirkungen: Sie vereinfachen hochkomplexe soziale Dynamiken in einer Weise, dass jeder, der sie hört, liest, auf der Bühne oder im Kino sieht, sie verstehen kann – unabhängig von Bildung, Intelligenz und kulturellem oder subkulturellem Hintergrund. Außerdem erklären Geschichten beispielhaft, wie die Welt funktioniert, ohne durch hochtrabende Theorien abzuschrecken. Sie beschreiben Handlungen und vermitteln daher schnell und unmittelbar Ideen, was wann wie zu tun ist, um die jeweils aktuellen Probleme zu lösen. Außerdem heben sie den Unterschied zwischen Denken und Fühlen auf, da sich jeder mit den Akteuren identifizieren und mit ihnen fühlen und fiebern kann sowie mit ihnen überlegen, wie sie aus der jeweiligen Geschichte unbeschadet oder gar siegreich herauskommen.

Um eine Story nutzen zu können, müssen Sie gar keine eigene erfinden. Nicht jeder ist schließlich ein begnadeter Autor. Es reicht, wenn Sie nutzen, was es schon an Geschichten gibt. Schließlich werden sie schon seit Jahrtausenden erzählt, um die Welt zu erklären. Empfehlenswert sind für Ihre Zwecke besonders Heldenmythen. Dabei können Sie sich selbst die Rolle des Helden zuweisen, Sie können aber auch – wenn Sie selbst nicht so gern in der ersten Reihe erscheinen wollen, sondern lieber aus dem Hintergrund steuern – einen attraktiven Akteur suchen, der diese Rolle übernimmt. Wichtig ist, dass Sie ein Muster von Geschichte wählen, bei dem es um den Kampf zwischen Gut und Böse geht, den Kampf der Vielen, die gut, aber schwach und passiv sind und sich einem bösen, starken und aktiven Gegner hilflos ausgeliefert fühlen.

Folgen Sie dann dem Schema, das weltweit in den seit Jahrtausenden überlieferten Mythen vorgegeben ist und den ultimativen Praxistest bestanden hat.

Der erste Schritt ist, dass Sie die aktuelle Situation des Landes und seiner Bewohner, des »Volks«, als katastrophal beschreiben. Es ist in einer Notlage, aus der, ohne dass von einer höheren Macht rettend eingegriffen wird, kein Ausweg zu sehen ist. Am einfachsten ist eine Erzählung, in der ein Außenfeind die Hauptrolle spielt. Ihm ist die aktuelle Regierung, ja, das aktuelle politische System im Allgemeinen, nicht gewachsen. Daher sind radikale Maßnahmen notwendig. In etwa so muss die implizite Botschaft der Geschichte lauten.

Zunächst müssen Sie diese pessimistische Beschreibung der gegenwärtigen Lage natürlich den Kameraden in Ihrer Kern-Kampf-Gruppe vermitteln: In Notlagen muss man zusammenhalten. Solch eine – am besten existenzielle – Bedrohung hat eine integrierende Wirkung. Da abstrakte Gefahren wenig emotionale Wirkungen erzeugen, ist es wichtig, sie zu personalisieren. Sie brauchen einen konkreten Feind, gegen den es zu kämpfen gilt. Das kann eine bestimmte Person sein, eine soziale Gruppe, eine Nation, Rasse oder Klasse (zu den Methoden, wie man sich einen Feind bastelt, später mehr).

Dass die Einigung über die Beschreibung des gegenwärtigen katastrophalen Zustands Ihres Landes oder auch der Welt in Ihrer Gruppe erst der Anfang ist, dürfte klar sein. Aber ebenfalls sollte Ihnen klar sein: Wenn es Ihnen nicht gelingt, solch eine Sichtweise öffentlich zu verbreiten und ihr zu Glaubhaftigkeit und breiter Akzeptanz zu verhelfen, werden Sie und Ihre Leute lediglich als sektiererische Gruppe von Spinnern und Sonderlingen in die Geschichte eingehen – unabhängig davon, wie genial Ihre Vorstellungen auch sein mögen. Sie werden die verdiente Anerkennung späterer Generationen nur erhalten, wenn Sie der Öffentlichkeit vermitteln können, dass Sie recht haben. Ideen verbreiten sich wie Viren, das heißt, Ihre Gruppe muss als Infektionsherd wirken. Und unter den Infektionen verbreiten sich diejenigen am schnellsten, deren Übertragung mit Lust verbunden ist (zum Beispiel HIV).

Um dies zu erreichen, müssen Sie eine Geschichte erzählen, die für jedermann verständlich ist und zu einer wenn schon nicht lustvollen, so doch wenigstens befriedigenden Beteiligung verführt. Dazu kann es reichen, dass sich viele Menschen gern auf die Seite der Guten und Schwachen stellen, denen Unrecht getan wird; andere lassen sich eher durch das narzisstische Versprechen, an etwas Großartigem teilzuhaben, faszinieren.

Die Ingredienzen solch populistisch nutzbarer Geschichten sind:

1. Es gibt eine gottgegeben zusammengehörige Gemeinschaft (»Volk«, »Rasse«, »Nation« etc. = »wir«).
2. Dieser Gemeinschaft, dem Volk (= »uns«), geht es schlecht oder sein Wohlergehen ist akut bedroht.
3. Die Führungsfiguren (= »Eliten«), deren Pflicht es eigentlich wäre, sich um das Wohl der Gemeinschaft – des Volks – zu kümmern, sind entweder nicht in der Lage oder unwillig, der Bedrohung oder Notlage angemessen entgegenzutreten – außerdem geht es ihnen nicht schlecht wie dem Volk, sondern unanständig gut.
4. Als alle Hoffnung schwindet, kommen der Held (= »der starke Mann«) und seine treuen Mitstreiter, die allen Entrechteten und Beladenen Hoffnung auf Rettung versprechen.
5. Der Held und seine Leute liefern eine plausible und für jedermann sofort verstehbare Erklärung für die Notlage: Es gibt einen oder mehrere Feinde (= »Fremde«), die nicht zur Gemeinschaft (= »wir«) gehören – auch wenn sie das manchmal vorzutäuschen versuchen.
6. Die Eliten versagen nicht nur, sie arbeiten mit dem Feind zusammen, sie sind die Agenten des äußeren Feinds im Inneren (= »Fremde«).
7. Der Feind ist böse, stark und aktiv. Der Held und seine verschworenen Kameraden (= »die Guten«) müssen ihre Aktivität und Stärke unverhüllt demonstrieren, weil sie ihm sonst nicht gewachsen sind und das schwache Volk nicht schützen können.
8. Diese Geschichte muss die Leser oder Hörer dazu einladen, sich mit den Guten, das heißt dem Helden und seinen Leuten, zu identifizieren (= »wir«), sich ihnen anzuschließen und mit ihnen gegen den inneren wie äußeren Feind und damit für eine bessere Welt zu kämpfen.

9. Wer nicht für die Guten ist, ist für die Bösen (= »Feind«), das heißt, er verdient keine Gnade und keine kleinbürgerliche oder moralische Rücksichtnahme.
10. Die Guten gewinnen, die Bösen sind nicht mehr stark und aktiv, und die Guten (= »wir«) sorgen dafür, dass sie das auch nie wieder werden (= »Happy End«).

Der Feind kann eine einzelne Person sein, allerdings empfiehlt es sich, lieber eine soziale Gruppierung zu wählen, da ein Einzelner ausgeschaltet werden könnte und dann nicht mehr als Feind zur Verfügung stehen würde. Suchen Sie also einen Feind, der sich durch Globalbegriffe charakterisieren lässt: das Großkapital, der Kommunismus, die Juden, der Islam, die grün-versiffte Linke oder Ähnliches. Dann sind Sie auf der sicheren Seite, denn die Zuschreibung der Rolle des Übeltäters kann nicht durch einzelne Gegenbeispiele außer Kraft gesetzt werden. Eine Schwalbe macht ja keinen Frühling.

4 Nutzen Sie die gegebenen politischen Strukturen!

(Die Pseudoanpassung)

Ganz ähnlich wie sich das kulturelle Erbe der dramaturgischen Muster von Mythen für populistische Zwecke nutzen lässt, können auch die vorgegebenen Strukturen des politischen Systems zum eigenen Machtgewinn genutzt werden. Denn entscheiden, was für das Volk getan oder dem Volk angetan wird, können nur diejenigen, die über die formale Entscheidungskompetenz innerhalb des Systems verfügen; und das sind nun mal die Mitglieder der Regierung: Präsidenten, Premierminister, Kanzler, Minister und andere Amtsträger. Auf solche Posten kommt man durch Wahlen, und gewählt wird man in den sogenannten westlichen Demokratien nicht als Individuum (so genial man auch sein mag), sondern als Mitglied und Vertreter einer Partei. Aber das ist kein Nachteil für Sie, sondern eine Chance, denn Sie können den durch die Wahlgesetze vorgegebenen Weg nach oben im Laufschritt zurücklegen, um dann, wenn Sie erst mal im Sattel sitzen, die Gesetze so zu verändern, dass Sie nicht mehr daraus vertrieben werden können. Das ist, kurz gesagt, das Programm, das Sie zu realisieren haben.

Konsequenz: Sie müssen eine Partei gründen oder, weit schneller und effizienter, eine Partei kapern.

Eine neue Partei zu gründen, geht zwar im Prinzip relativ einfach und kostet auch nicht die Welt, aber Sie gewinnen nicht viel damit, denn eine Partei, die nur aus den Mitgliedern Ihrer verschworenen Kerngruppe besteht, wird es schwer haben, in ihrem politischen Anliegen ernst genommen zu werden. Es bedarf also schon einer Bewegung, damit genügend Leute motiviert sind, sich in solch einer Partei zu engagieren. Hinzu kommt, dass potenzielle Wähler verständlicherweise zögern, einer Zwergpartei ihre Stimme zu geben, da sie die Sorge hätten, sie zu verschwenden, und meinen, sie könnten sie dann ja gleich in den Müll werfen. Außer Ihren engsten Verwandten wird daher wahrscheinlich keiner solch eine Partei, die niemand kennt, wählen; und eine neu gegründete Partei zur Macht zu führen, dauert erfahrungsgemäß lange Jahre oder gar Jahrzehnte, wenn es denn überhaupt von Erfolg gekrönt sein sollte.

Daher ist es erheblich gescheiter, sich als Gruppe in eine schon länger bestehende und bekannte Partei zu begeben. Eine Oppositionspartei ist dabei vorzuziehen, da dort mit größerer Wahrscheinlichkeit Mitglieder zu finden sind, die mit dem Status quo der Politik der gegenwärtigen Regierung unzufrieden sind und sich für die gemeinsame große Sache rekrutieren lassen.

Überlebenswichtig für Ihre Gruppe ist, sich nicht auseinanderdividieren zu lassen, egal, welches Thema innerparteilich diskutiert wird, sie muss immer zusammenhalten. Um es klar zu sagen: Die Inhalte sind nicht von Bedeutung, es geht darum, als machtvolle Meinungsmacher gemeinsam wirksam zu werden.

Auf keinen Fall dürfen Sie sich auf den üblichen innerparteilichen Karriereweg begeben, denn es gibt nichts – für Sie – nutzloseres als Ihre Abende auf öden Ortsvereinssitzungen zu verbringen und Plakate im Wahlkampf zu kleben. Sie müssen Ihren Aufstieg innerhalb der Parteihierarchie daher auf einem Umweg, der ihn abkürzt, organisieren. Dazu müssen Sie über die Bande spielen, das heißt, Sie brauchen die inner- und außerparteiliche Öffentlichkeit und müssen die Presse für sich arbeiten lassen. Mit anderen Worten: Sie müssen Nachrichten produzieren.

Da Sie als einzelner Parteisoldat für Journalisten vollkommen uninteressant sind, empfiehlt es sich, Ihre Kampfgruppe zu nutzen, um wenigstens irgendein Amt innerhalb der Partei – sei es noch so klein – zu gewinnen. Das ist in der Regel nicht so schwer, da solche Ehrenämter mit Arbeit verbunden sind, die keiner – Sie auch nicht – gern übernimmt. Wichtig an solch einem Amt ist lediglich, dass Sie nun für die Partei bzw. das Organ der Partei, deren Amtsträger Sie sind, sprechen können. Delegierter bei einem Parteitag reicht, denn dann können Sie dort eine *provokative* und *polarisierende* (!) Rede halten, die von der Presse mit Begeisterung zur Kenntnis genommen wird. So können Sie innerhalb und außerhalb der Partei Ihren unverwechselbaren Ruf begründen.

Die Nutzung der gegebenen politischen Strukturen und der Mechanismen öffentlicher Kommunikation hat nun begonnen, und Sie können die im Kleinen geübten Methoden dann im Großen weiterführen, wenn Sie Wahlen gewonnen haben und Sie bzw. Ihre Mitstreiter in Parlamente eingezogen sind.

Dazu müssen Sie allerdings erst einmal eine Massenbewegung anstoßen und das Volk auf die Straße bringen. Aber, um Missverständnissen vorzubeugen: Sie brauchen eine Partei, eine Organisation, die dauerhaft Ihr Anliegen vorantreibt. Denn Bewegungen, auch wenn sie kurzfristig beeindruckende Fernsehbilder produzieren, sind zu vergänglich und nicht verlässlich. Sie sind mit vorübergehenden Kristallisationsprozessen beim Frieren von Wasser vergleichbar, die sich schnell auflösen, wenn die Temperatur wieder steigt, das heißt, sobald die Umweltbedingungen, die sie hervorgebracht haben, sich verändern. Eine Parteiorganisation – jede funktionierende Organisation, das heißt, es müsste eigentlich nicht unbedingt eine Partei sein, obwohl die für das spezielle Agieren im Politiksystem unverzichtbar erscheint – hat den unschlagbaren Vorteil, die Handlungen einer großen Zahl von Menschen regelmäßig und zuverlässig aufeinander abstimmen zu können, sodass kooperativ und vorhersehbar für das Erreichen eines Ziels gearbeitet werden kann. Sie brauchen den »Apparat«, um nicht lediglich die Prominenz einer nur einmal kurz stechenden Mücke (einer von Zufallsfaktoren abhängigen Bewegung) zu erlangen, sondern um dem etablierten System und seinen Eliten regelmäßig Schmerz, Schwellung und Juckreiz bereiten zu können, und, wenn alles gut geht, immer wieder Schwärme gleichgesinnter, in ihrer offensichtlichen Kleinheit leicht zu übersehender, aber vereint nicht zu ignorierender Moskitos versammeln zu können, die gemeinsam ihre blutdurstigen Attacken starten.

Die Strategie des Über-die-Bande-Spielens besteht darin, dass Sie die Aufmerksamkeit der Öffentlichkeit und die mediale Prominenz für Ihren innerparteilichen Aufstieg nutzen und die Aktivität der Partei für die Herstellung und Aufrechterhaltung des öffentlichen Interesses an Ihnen als Person und der (mit der Zeit wachsenden) Schar Ihrer Anhänger. Dieses Oszillieren schafft Ihnen eine große Unabhängigkeit von beidem: der Partei wie der Presse. Sie müssen sich weder lieb Kind bei den Journalisten machen noch sich durch die Ochsentour in der Partei quälen. Im Blick auf diese beidseitige Unabhängigkeit eröffnen die sozialen Medien ungeahnte Chancen, um die Sie jeder Populist früherer Zeiten nur beneiden kann (dazu später mehr).

5 Kämpfen Sie um öffentliche Aufmerksamkeit! *(Die Fokussierung)*

Auch wenn vom Staats- oder Parteiapparat gesprochen wird, die Gesellschaft ist keine Maschine, die steuerbar und programmierbar wäre wie ein Auto, ein Flugzeug oder ein Computer. Das liegt daran, dass sie weder aus mechanischen noch elektronischen Bauteilen zusammengesetzt ist. Soziale Systeme im Allgemeinen, sei es eine Familie, eine Organisation, ein Staat, die Wirtschaft, das politische System oder die gesamte Menschheit wird durch Kommunikation gestaltet. Und wie in jeder Kommunikation kann kein Teilnehmer einseitig bestimmen, wie das, was er sagt oder tut, von den anderen Teilnehmern an der Kommunikation verstanden, interpretiert und bewertet wird. Deshalb ist das Verhalten von Menschen in der Interaktion miteinander nicht wirklich berechenbar und vorhersehbar. Es wird davon bestimmt, wie sie die Welt wahrnehmen, von ihren Glaubenssystemen darüber, wie die Welt funktioniert, von ihren Überzeugungen und Vorurteilen, ihren Erfahrungen, ihrer Erziehung, der Kultur und Subkultur, aus der sie stammen, ihrer Lebensgeschichte und ihrer aktuellen Lebenssituation. Daher können schon Individuen nicht wie Autos gesteuert werden, bei denen sich damit rechnen lässt, dass der Motor anspringt, wenn man den Zündschlüssel dreht. Das weiß jeder, der schon einmal erleben durfte, dass sein Kind die liebevoll bereitete Mahlzeit trotz allen fürsorglichen Drängens nicht essen will. Sie können sich auf den Kopf stellen und mit den Ohren wackeln: Wenn es nicht will, dann isst es »seine Suppe« nicht.

Eine Gruppe oder größere Zahl von Menschen kann genauso wenig gesteuert werden wie eine Maschine. Mit ihrem Eigensinn und Überraschungen ist zu rechnen. Ihr Wahlverhalten, zum Beispiel, kann zwar prognostiziert werden, aber nur, wenn unmittelbar vor der Wahl eine repräsentative Zahl von Wählern befragt wird, was sie wählen werden, und die Befragten nicht lügen. Bezogen auf gesellschaftliche Systeme muss daher – im Unterschied zu Maschinen – anders erklärt werden, wie sie gesteuert und handlungsfähig werden. Denn es gibt ja kein Lenkrad, das irgendwer bedient und bestimmt, ob die Gesellschaft sich nach rechts oder links bewegt.

Aus der Antwort auf die Frage, wie gesellschaftliche Prozesse beeinflusst werden können, ergibt sich die nächste Konsequenz für populistische (aber auch für alle anderen politischen) Strategien.

Was die Kommunikation zwischen einzelnen Menschen überhaupt erst möglich macht, ist, dass sie ihre Aufmerksamkeit aufeinander abstimmen. Mehrere Leute schauen auf denselben Gegenstand, und der eine fragt: »Wie heißt das Ding?«, worauf der andere antwortet: »Mobiltelefon«. Es ist die Fokussierung der Aufmerksamkeit, durch die der Verlauf von Kommunikationsprozessen geleitet wird. Daher gewinnt in sozialen Systemen immer nur derjenige Einfluss, dem es gelingt, in den Fokus der Aufmerksamkeit einer möglichst großen Zahl von Teilnehmern an der Kommunikation zu gelangen. Wenn ein Einzelner oder eine Gruppe von Menschen es schafft, den Blick ihrer Mitmenschen auf Geschehnisse und Themen zu lenken, die sie wichtig machen wollen, so können sie steuernd – wenn auch nicht in einem mechanischen geradlinigen Ursache-Wirkung-Sinn, sondern den Blick und das Interesse leitend – in die Dynamik sozialer Prozesse eingreifen.

Aber der Gewinn von Aufmerksamkeit allein reicht noch nicht: Sie müssen, wenn Sie andere leiten wollen, auch noch die Deutungshoheit für die nun mit Aufmerksamkeit bedachten Geschehnisse gewinnen.

Die Phänomene, die in die Aufmerksamkeit gelangen, müssen – vor allem, wenn sie für politische Entscheidungen relevant sind – von Ihnen *erklärt* und *bewertet* werden. Die Aufmerksamkeit zu erlangen, ist also nur der erste Schritt. Aber er ist von zentraler Bedeutung. Was nützt es, wenn Sie die großartigsten Ideen und Konzepte haben und keiner merkt es? Das ist ja das Schicksal der meisten Genies, dass fast immer, wenn sie etwas Phantastisches zustande bringen, wieder mal kein Schwein guckt ...

Das Problem beim Kampf um Aufmerksamkeit – und damit dem Kampf um Einfluss – ist, dass die Gesetzmäßigkeiten von Kommunikationsprozessen, denen jeder Teilnehmer an der Kommunikation unterworfen ist, extrem konservativ sind und immer (!) den Status quo bevorzugen, egal wie dieser Status quo aussehen mag. In der Hinsicht unterscheiden sich gesellschaftliche Innovationen und Revolutionen von technischen Neuerungen – und sind daher auch schwerer durchzusetzen. Das ist zu Beginn jeder populistischen Bewegung auch deren Hauptproblem; später, wenn sie erst einmal etabliert (= bekannt) ist, wird aus diesem Problem aber ein strategischer Vorteil.

Der Grund dafür ist das sogenannte Matthäus-Prinzip, das schon in der Bibel zitiert ist: »Denen, die haben, wird noch gegeben, und denen, die nicht haben, wird noch genommen!«, oder auf Deutsch: »Der Teufel scheißt immer auf den größten Haufen!« – Bezogen auf die Verteilung von Aufmerksamkeit heißt das: Wer bekannt ist und viel Aufmerksamkeit erhält, wird noch bekannter und erhält noch mehr Aufmerksamkeit; und wer wenig bekannt ist und wenig Aufmerksamkeit erhält, dem wird auch noch das klägliche bisschen Bekanntheit genommen, und er verliert auch noch den letzten Rest an Aufmerksamkeit.

Das ist natürlich ziemlich ungerecht, aber nicht, weil irgendjemand Ungerechtes sich das ausgedacht hat (obwohl Sie als Populist gut daran tun, diese fundamentale Ungerechtigkeit einer weltweiten Verschwörung zuzuschreiben – aber Sie sollten nicht selbst an solch eine Verschwörung glauben). Warum das Matthäus-Prinzip die Strukturierung von Kommunikation entscheidend mitgestaltet, lässt sich am einfachsten an der Bekanntheit von Produkten illustrieren: Wenn Sie eine koffeinhaltige Limonade suchen, dann werden Sie im Supermarkt aller Wahrscheinlichkeit nach einem Produkt greifen, das Sie kennen – meistens Coca oder Pepsi Cola. Und wenn Sie jemand fragt, welche Limonade Sie empfehlen können, dann werden ihnen logischerweise nur die einfallen, die Sie kennen. Ab diesem Zeitpunkt gibt es eine Person mehr, die diese Produkte kennt, während die gerade frisch auf den Markt gebrachte XY-Cola niemand kennt (= kein Schwein guckt). So werden die bekannten Produkte immer bekannter und die unbekannten bleiben es, wenn nicht irgendwelche gravierenden Ereignisse sie in den Fokus der Aufmerksamkeit vieler Menschen bringen. Aber selbst dann ist keineswegs gesagt, dass XY-Cola nun ihre Erfolgsstory beginnen kann, denn solch ein einmaliges Ereignis wird schnell wieder vergessen. Ihr Produkt muss erneut und immer wieder in den Fokus der Aufmerksamkeit gebracht werden. Wie sagte die alte Englischlehrerin: »Repetition is the mother of learning!« – Das gilt auch für die Merkfähigkeit der Gesellschaft.

Und das ist auch der Grund, warum Sie eine Organisation brauchen, um sich und Ihre Botschaft immer wieder aufs Neue in den Fokus der Aufmerksamkeit der Öffentlichkeit zu rücken und vor dem Vergessenwerden zu schützen.

Aber seien Sie sich auch klar, dass die Überwindung der Schwelle zur öffentlichen Wahrnehmung hoch ist. Es erfordert eine beträchtliche Frustrationstoleranz und ein gehöriges Maß an Durchhaltevermögen. Aber, wie ein chinesisches Sprichwort sagt: »Alles kommt zu dem, der wartet!« Allerdings dürfen Sie nicht einfach passiv warten, sondern Sie – und damit sind nicht Sie als Einzelner gemeint, sondern Sie und Ihre Gefolgsleute – müssen aktiv an der Steigerung Ihrer Bekanntheit arbeiten. Dabei kann es hilfreich sein, wenn Sie sich irgendein Thema suchen, eine »Sache«, für die Sie alle kämpfen, eine »Mission«, die Sie verkünden und von der Sie behaupten (muss nicht der Wahrheit entsprechen), dass sie sich ihr alle gemeinsam verschrieben haben. Das vorgebliche Interesse an sachlichen Zielen hilft, dass Ihr Aufmerksamkeitsheischen nicht als Ausdruck ihrer persönlichen Eitelkeit oder einer narzisstischen Persönlichkeitsstörung abgetan werden kann. Außerdem können Sie dann als Gruppe den Fokus der öffentlichen Aufmerksamkeit besetzt halten, ohne dass sich ein Einzelner übermäßig erschöpft oder gar ausbrennt. Solange Sie als Führer Ihrer Gruppierung nicht infrage gestellt werden, fällt sowieso jede Aufmerksamkeit, die Ihre Mitstreiter gewinnen, auf Sie zurück.

6 Nutzen Sie Ihr aggressives Potenzial! *(Die Polarisierung)*

»Den/die ignorier' ich nicht mal!« – so wird manchmal scherzhaft der höchste Grad der Verachtung ausgedrückt. Es spielt karikierend mit dem Gedanken, Ignorieren ließe sich noch steigern. Worauf mit dieser Übertreibung hingewiesen wird, ist die Tatsache, dass Ignorieren die wirkmächtigste Möglichkeit sozialer Entwertung eines Menschen oder einer sozialen Gruppierung darstellt. Wer nicht wahrgenommen wird von anderen Menschen, den gibt es sozial schlicht und einfach nicht. Denn generell gilt, dass alles, was nicht in die Kommunikation gelangt und thematisiert oder adressiert wird, sozial nicht existiert.

Was können Sie also tun, wenn wieder mal kein Schwein guckt und Sie und Ihre Anliegen nicht zur Kenntnis genommen werden?

Dem Missstand lässt sich relativ einfach abhelfen. Es gibt eine unfehlbare, zu 100 Prozent erfolgreiche Methode, die Aufmerksamkeit auch des verächtlichsten Kommunikations- oder ignorantesten Kontaktverweigerers zu erhalten: Fügen Sie ihm Schmerz zu, einen Schaden. Nutzen Sie ihre Möglichkeit zur Aggression. Das heißt nicht unbedingt, dass Sie Gewalt anwenden müssen, obwohl dies letztlich die ultimative Form ist, Aufmerksamkeit zu erhalten. In früheren Zeiten haben Eltern ihre Kinder verprügelt, wenn sie ihnen nicht gehorchten, nicht auf sie hörten (man achte auf die Begriffe »gehorchen« und »auf jemanden hören«, die nicht zufällig auf sinnliche Wahrnehmung bzw. die verweigerte Kommunikation verweisen). Wenn Sie jemandem, der Sie ignoriert, vor das Schienbein treten, wird er Sie wahrnehmen. Wenn Sie die körperliche und seelische Gesundheit oder gar die Existenz eines Menschen – physisch oder ökonomisch – bedrohen, dann muss er in die Kommunikation einsteigen und kann Sie nicht ignorieren.

Dies ist eine Kommunikationsstrategie, die seit Jahrhunderten sehr erfolgreich von Terroristen aller Art praktiziert wird. Aber Sie wollen ja wahrscheinlich nicht zum Terroristen gestempelt werden. Das sollte Sie aber nicht von der strategischen Nutzung ihres aggressiven Potenzials – der deutlich demonstrierten Wut – abhalten. Sie sind schließlich in einem Kampf um Geltung und Wirkmächtigkeit. Da Sie den Rahmen zivilisierten Verhaltens nicht dauerhaft verlassen dürfen, wenn Sie eine breite Gefolgschaft auch in bürgerlichen Kreisen finden wollen, dürfen Sie sich nicht selbst an Gewalttätigkeiten beteiligen. Es reicht in der Regel, wenn Sie eine aggressive Sprache wählen und öffentlich Aussagen tätigen, die als wütend erlebt werden. Sie können und dürfen sich auch ungeniert zu Gewaltphantasien bekennen oder hypothetisch kriegerische Szenarien durchspielen. Solange Sie die nicht in die Tat umsetzen, sind Sie auf der sicheren Seite: Man kann Ihnen nicht strafrechtlich an die Karre fahren, da Sie nichts Verbotenes getan haben. Aber gleichzeitig ernten Sie die unerhörte Aufmerksamkeit der Presse und Ihrer Gegner. Die können Sie dann beide wiederum nach Herzenslust angreifen und beschimpfen oder abwerten. So bleiben Sie im Gespräch.

Gerade die Presse reagiert meistens wie der Pawlow'sche Hund, dem ein Stück blutiges Fleisch gezeigt wird: Reflexhaft beginnt der Speichelfluss. Und wenn alles nach Plan läuft, lassen die in ihrer Ehre gekränkten Journalisten dem eigenen Ärger die Zügel schießen und schreiben wütende

Kommentare über Sie und Ihre Anhänger. Jetzt können Sie sich als Opfer darstellen, das Unrecht beklagen, das Ihnen angetan wurde, zurückschießen usw.

Kurz gesagt: Sie haben die Aufmerksamkeit der Presse und der Öffentlichkeit gewonnen, das heißt de facto einen langfristig zuverlässigen Kooperationspartner und Helfer. Sollte ein paar Tage nicht über Sie geredet werden, brauchen Sie nur irgendein gutbürgerliches Tabu zu verletzen, eine Rede halten, in der Sie die Schlachtung heiliger Kühe fordern oder beleidigen, was anderen Leuten heilig ist, schon haben Sie die notwendige Erhaltungsdosis von Schlagzeilen, die prophylaktisch gegen die Gefahr des Vergessens durch eine ansonsten nur mit einem kurzfristigen Gedächtnis gesegnete Öffentlichkeit wirken.

Provokation, das sei zur Warnung gesagt, ist eine hohe Kunst, die nicht jeder so einfach professionell beherrscht. Denn die Schwierigkeit liegt darin, sie so zu gestalten, dass sie hinreichend von den selbstverständlichen Erwartungen der Gesellschaft, vor allem der in der Mainstream-Presse publizierten Meinung, abweicht, aber nicht den Werten derer widerspricht, die sie als Gefolgsleute zu gewinnen suchen. Sie brauchen ein Gespür für subkulturelle Unterschiede bei der Bewertung alltäglicher Geschehnisse, die sich aus den unterschiedlichen Lebensverhältnissen der sogenannten Eliten und der Leute ergeben, die sich von ihnen regiert fühlen. Das beginnt bei der Wortwahl. Vergessen Sie die vornehme Zurückhaltung und das, was »gutes Benehmen« genannt wird. Wenn Sie an Orten und bei Gelegenheiten, wo man eher würdige Zitate aus den Büchern der alten Griechen erwartet, eine pöbelnde Sprache verwenden und aus Ihrem Herzen und Ihren Gefühlen keine Mördergrube machen, grobe Schimpftiraden ablassen – auch und gerade gegen anwesende Würdenträger, die, wenn Sie Glück haben, daraufhin indigniert den Raum verlassen –, so ist Ihnen die Aufmerksamkeit aller sicher und Sie sind für längere Zeit Gesprächsthema bei Cocktailpartys ebenso wie bei Facebook und in der Boulevard-Presse. Endlich mal ein authentischer Politiker!

Die Folge Ihrer radikal wirkenden Äußerungen ist, dass die eine Hälfte der Zuhörer Sie verachten und bekämpfen wird, während die andere Hälfte Sie lieben wird. Diese Spaltung des Auditoriums ist aber kein Problem, sondern ganz im Gegenteil: Polarisierung ist Ihre Chance. Sie zwingen jeden dazu, Stellung zu beziehen: für oder gegen Sie. Und wenn das erst einmal geschehen ist, dann haben Sie einen Pool möglicher Unterstützer, aus dem Sie in Zukunft hemmungslos schöpfen können. Ein Kapital, das gar nicht hoch genug einzuschätzen und nicht mit Geld zu bezahlen, ja, mit Geld gar nicht zu bekommen ist.

Wenn es im zeitlichen Zusammenhang mit einer Ihrer Reden oder einem Interview zu Gewalttaten kommt (wenn, zum Beispiel, Flüchtlingsheime abgefackelt, dunkelhäutige Menschen durch die Straßen gejagt, afghanischen Restaurants die Scheiben eingeworfen werden usw.), so rudern Sie auf keinen Fall zurück, sondern behaupten Sie ungeniert, dass Sie missverstanden worden wären. Denn es stimmt ja, dass immer der Empfänger die Hoheit über die Deutung Ihrer Worte hat. Sie wissen ja genau, dass Sie das nie und nimmer so gemeint haben, wie diese eigentlich ja guten Patrioten es falsch verstanden haben.

Es ist eine Gratwanderung, die Sie eine gewisse Zeit überstehen müssen. Denn es wäre fatal, wenn Sie offiziell von irgendwelchen Inlandsgeheimdiensten beobachtet würden. Das Risiko ist, dass Sie als verfassungsfeindlich vom Platz gestellt werden und nicht mehr mitspielen dürfen. Dann würden Sie wahrscheinlich die Unterstützung der bürgerlichen Kräfte verlieren, die bislang mit gemischten Gefühlen auf Sie schauen: fasziniert und mit leichtem Grusel. Diese Ambivalenz würde dann in Gegnerschaft umschlagen können. Sie müssen daher eine Taktik verfolgen, bei der Sie einerseits durch aggressive, keine Tabus respektierende Äußerungen für Skandale sorgen und Sie sich am Rand der etablierten Gesellschaft positionieren, aber andererseits nicht die Grenze überschreiten, hinter der Sie zum Outcast werden. Das gilt für Sie und Ihre Leute.

Diese Ambivalenz können Sie aber auch durch Arbeitsteilung herstellen: Sie brauchen dazu ein paar Leute, die immer wieder mal etwas Unsägliches äußern, denen sich dann aber andere entgegenstellen, die sich laut und deutlich von diesen unerhörten Ansichten distanzieren.

Aber solche Splitting-Strategien und -Taktiken brauchen Sie nur in den Anfangsjahren Ihres Aufstiegs zu praktizieren. Nach einiger Zeit – darauf können Sie vertrauen – stumpft die Sensibilität der Öffentlichkeit ab, die zimperliche Aufregung über das, was Sie sagen und wie Sie es sagen, flaut ab. Ein ganz normaler Gewöhnungseffekt. Irgendwann können Sie dann auch direkt zur Gewalt aufrufen, und der Aufschrei derer, die sich moralisch empören (»Gutmenschen«), wird niemanden mehr hinter dem Ofen hervorholen können.

Generell gilt: Entschuldigen Sie sich nie, erklären Sie nie Ihr Verhalten, rudern Sie nie zurück!

7 Konstruieren Sie sich einen Feind! *(Die Fremden)*

Politik ist die Fortsetzung des Krieges mit anderen Mitteln. Und Krieg zerlegt die Welt in zwei Parteien: in Freunde und Feinde. Das hilft dem Volk sich zu orientieren: »Wer nicht für mich ist, ist gegen mich!«. Die Welt wird weniger komplex, wenn man einen Krieg vom Zaune bricht. Der muss nicht unbedingt mit Waffengewalt ausgetragen werden. Es reicht auch ein Krieg der Worte. Aber egal, ob mit Waffen oder mit Worten, wenn Sie die großartige Vereinfachung der Welt, die jeder Krieg zur Folge hat, für Ihre Zwecke nutzen wollen, so brauchen Sie einen ernst zu nehmenden Feind.

Einer der wesentlichen Gründe, heute Krieg zu führen, ist, dass er Konflikte innerhalb der Bevölkerung der kriegführenden Parteien relativiert und dort zu Einigkeit führt, wo vorher Streit war. Ein paradoxer Effekt, wenn man das nüchtern betrachtet. Ein anständiger Feind außen hat innen eine integrierende Wirkung: Krieg stiftet Frieden. Das ist durch gemeinsame Ziele auf der Sachebene nie in gleicher Weise zu erreichen. Es kämpft sich immer leichter *gegen* irgendwen oder -was als *für* irgendwen oder -was. Vor allem ist es viel leichter, einen Konsens über die Notwendigkeit, *gegen* einen gemeinsamen Feind zu kämpfen, herzustellen als *für* irgendeine Sache, denn die Zwecke, für die jeder Einzelne zu kämpfen bereit wäre, sind einfach zu verschieden. Aber die Suggestion, es sei notwendig, sich gegen einen Außenfeind, der die Existenz aller – viel weniger sollte es nicht sein – gleichermaßen bedroht, zu wehren, scheint unmittelbar überzeugend, und ihr gegenüber kann sich kaum jemand verschließen.

Dies ist einer der Gründe, warum Sie einen beeindruckenden Feind brauchen. Am besten ist ein Außenfeind, von dem jeder schon gehört hat. Das dient nicht nur der Harmonie und dem Zusammenhalt in ihrer Kerngruppe, sondern es hilft Ihnen auch auf nationaler, manchmal sogar internationaler Ebene, neue Mehrheiten und gesteigerte Zustimmung zu Ihren Aktionen zu finden. Zwiespältige Gefühle, die Ihnen und Ihrer Mission von Teilen der Bevölkerung eventuell entgegengebracht werden, verlieren ihre Bedeutung. Aus Ambivalenz wird Entschlossenheit.

Da solche Feinde nicht vom Himmel fallen, ist es am einfachsten, sich ihn selbst zu konstruieren. Im Einklang mit all den anderen bislang gegebenen Tipps empfiehlt es sich auch hier, an historische Erfahrungen und kulturelle Muster anzuschließen, das heißt im Klartext gesprochen an die als Volksgut überlieferten Vorurteile. Das ist einfacher als völlig neue Feinde und Feindschaften aus dem Hut zu zaubern.

Sie müssen dem oder besser noch den Feinden Eigenschaften, Ziele und Motive zuschreiben, die im Idealfall auf den ersten Blick – bei reflektierterem Publikum genügt auch der zweite Blick – jedermann den Unterschied zu Ihrem Volk, um dessen Wohl Sie so besorgt sind, erkennen lassen und allen die Schuppen von den Augen fallen lassen, dass die Gefahr wirklich groß ist.

Da Sie ja in der Kommunikation mit Ihrer potenziellen Basis, dem »einfachen« Volk, keine großartigen intellektuellen Erörterungen anstellen können und wollen, sondern auf Anhieb verstanden werden müssen, sollten Sie als Erkennungsmerkmal der Feinde Äußerlichkeiten wählen: Alle sinnlich wahrnehmbaren Merkmale der Unterscheidung zwischen »uns«, dem Volk, das es zu schützen gilt, und »den Fremden« sind nutzbar. Am besten sind Eigenschaften geeignet, die mit dem Körper der potenziellen Feinde fest verbunden sind und nicht verheimlicht werden können. An erster Stelle ist hier natürlich die Hautfarbe zu nennen (Muster: »die gelbe Gefahr«). Obwohl alle Leute sich stundenlang in die Sonne legen, sich auf Sonnenbänken ihren Hautkrebs holen, ist speziell die braune Hautfarbe ein unübersehbares Unterscheidungsmerkmal für Fremde (es wäre zu 100 Prozent sicher, wenn es nicht inzwischen auch hier geborene Personen mit dunkler Hautfarbe oder von politisch fragwürdigen Menschen adoptierte, fremdrassige Kinder gäbe). Im Prinzip bieten sich alle Menschen, die erkennbar anders aussehen als der durchschnittliche Mitteleuropäer, sowohl als Individuen wie auch als Gruppierung dazu an, als Feind genutzt zu werden: »Alles Afrikaner, die zu Hause nichts auf die Kette bekommen und ohne gearbeitet zu haben am hart erarbeiteten Wohlstand unseres Volks teilhaben und in die von uns aufgespannte soziale Hängematte wollen« – so oder so ähnlich können Sie eine Story über Fremde stricken. Das ist nicht sonderlich schwer, weil die Angst vor dem Fremden – wie bei kleinen Kindern gut zu beobachten ist – wahrscheinlich zum genetischen Erbe der Menschheit gehört und so etwas wie ein kollektives Unbewusstes darstellt, das jederzeit wachgerufen werden kann. Wenn Sie rassische Merkmale nutzen, dann haben Sie obendrein den Vorteil, dass Sie die freie Wahl haben zwischen vielen konkreten Personen, denen Sie eine Hauptrolle als Bösewicht zudenken können und die Sie als »typische« Beispiele für ... präsentieren können. Das ist der große Vorteil von Pauschalisierungen: Sie brauchen sich nicht um die vermeintliche Beweiskraft von Gegenbeispielen zu kümmern, denn die Ausnahme bestätigt ja nur die Regel (»Ein Mal ist kein Mal!«), Sie können aber trotzdem unbekümmert jeden Einzelfall als Beleg der von Ihnen vertretenen Behauptungen öffentlich ausschlachten.

Sie kennen vielleicht den alten Witz aus Kindertagen: »Frage: Warum hat Krause eine Glatze? Antwort: Weil die Neger Krause's Haar haben!« – Ganz klar, so haben wir es ja schon im Sandkasten aus Kalau gelernt: Sie werden kommen und uns die Haare vom Kopf fressen. »Halb Afrika hat schon die Koffer gepackt.« Das ist das Schema, nach dem Sie argumentieren müssen, und der Deutungsrahmen, den Sie den Geschehnissen geben müssen. Es erscheint Ihrer potenziellen Gefolgschaft umso einleuchtender, je weniger sie konkrete Erfahrungen mit dunkel pigmentierten Menschen oder gar richtigen Afrikanern oder Indern etc. machen konnte. Um das Risiko, dass Ihre Identifikation des Feindes und die ihm zugeschriebenen Charakteristika nicht überzeugend sein könnten, zu minimieren, sollten Sie sich also einen Feind aussuchen, der von möglichst wenigen Leuten tatsächlich gekannt wird. In vielen Sprachen der Welt war über Jahrtausende das Wort »Mensch« ausschließlich als Name für die Angehörigen der eigenen Bevölkerung reserviert. Wer nicht zum Volk gehört, ist gar kein Mensch. Und wenn er kein Mensch ist, dann braucht man ihn auch nicht als Mensch zu behandeln. Aber man muss ihn fürchten; denn Lebewesen, die nicht Menschen sind, können ja Bestien sein. Ungeheuer sind sie dem, der sie nicht kennt. Wer auf der sicheren Seite sein will, sollte erst mal davon ausgehen, dass sie sich wie wilde Tiere verhalten. Er – vor allem aber sie – muss sich eben vor diesen Bestien schützen, ist doch klar (alles potenzielle Vergewaltiger, Diebe, Kriminelle).

Der Vorteil eines äußerlich erkennbaren Feindes besteht darin, dass er – auch wenn er nur harmlos spazieren geht – auf jeden Fall in den Fokus der Aufmerksamkeit der anderen Leute gerät. Abweichungen von den Erwartungen und dem Gewohnten fallen nun einmal auf. Daran lässt sich wiederum gut anschließen. Wenn, zum Beispiel, solch ein auffälliger Mensch ein abweichendes Verhalten zeigt (zum Beispiel: »brutale Vergewaltigung einer unschuldigen jungen Studentin«), dann sollten Sie möglichst emotional aufgeladen und betroffen öffentlich, voller Wut, Trauer und Mitleid darauf pochen, dass Sie leider, leider, leider mit der von Ihnen immer und immer wieder geäußerten Voraussage von Katastrophen, die durch die Feinde ins Land geschleppt werden, recht hatten.

Aber Sie müssen es nicht bei den Warnungen und der Erzeugung von Angst vor anders aussehenden Leuten belassen. Denn Sie können auch Feinde im Innern identifizieren. Gemäß der Alles-oder-Nichts-Unterscheidung zwischen Freund und Feind (»Wer nicht für uns ist, ist gegen uns«) können Sie öffentlich und vehement alle Leute verdächtigen, die den Außenfeind nicht als Feind betrachten und ihn durch Worte oder Taten verteidigen. Dadurch haben sie ja bewiesen, dass sie zu den Feinden gehören. Diese »Feinde im eigenen Bett« können Sie dann als noch gefährlicher als den Außenfeind darstellen, da sie nicht so leicht als Fremde erkennbar sind und das ihnen geschenkte Vertrauen missbrauchen.

Das gilt auch für alle Feinde im Geiste, das heißt die Gegner, die nicht sofort äußerlich auffallen, sondern durch das, was sie denken und fühlen, gefährlich sind. Anhänger fremder Religionen oder Nationen, Vertreter bestimmter politischer Richtungen usw., denen man nicht ansieht, was sie glauben … Wenn bislang von deren feindseligen Absichten nichts zu merken war, so deuten Sie dies als deutlichen Beweis für die Raffinesse und Hinterhältigkeit dieser Leute, als Bestätigung ihrer Gefährlichkeit. Sie brauchen dabei nicht auf den Realitätsgehalt Ihrer Behauptungen zu achten, sondern nur sicherzustellen, dass ihrem Feind diese negativen Charakteristika im Prinzip zugewiesen werden könnten. Nehmen Sie die Möglichkeit für die Tat. Er ist dann in der Pflicht sich zu verteidigen, und wer sich verteidigt, klagt sich bekanntlich an.

Misstrauen Sie ganz generell jedem, der nicht öffentlich und tatkräftig für Sie Partei ergreift. Und selbst dann: Er könnte nur so tun als ob. Bleiben Sie auf der Hut …

8 Bestimmen Sie die Fakten und deren Bedeutung!

(Die Fake News)

Die Konstruktion des Feindes – des Feindes des Volkes – ist ein wichtiger, aber nicht der einzige Aspekt einer populistischen Strategie. Sie müssen darüber hinaus das Bild der Wirklichkeit insgesamt, den Deutungsrahmen für alle politisch wichtigen Geschehnisse, bestimmen. Dies funktioniert leider wieder mal nicht einfach, indem Sie beschließen, welche Aussagen die Mehrheit des Volks für wahr oder unwahr zu halten hat, sondern es bedarf eines sorgfältigen Ideen-Marketings bzw. subtiler Methoden der Gehirnwäsche. Wie bei jeder anderen Wäsche auch bleibt eine Weste nur dann dauerhaft weiß, wenn sie regelmäßig gewaschen wird. Sie müssen sich darauf einstellen, dass einmalige Maßnahmen zwecklos sind, und zur Dauerbeschallung ihres Auditoriums bereit sein. Die Wiederholung von Aussagen erhöht deren Glaubhaftigkeit, und wenn viele sie wiederholen und weitererzählen, so werden schließlich aus Behauptungen Fakten.

Der Satzanfang »Fakt ist ...« bildet immer eine gute Grundlage für die weitere Propaganda, die Sie brauchen, um eine breite Mehrheit von Unterstützern hinter sich zu versammeln. Denn wer würde bezweifeln, dass es vernünftig ist, sein Handeln an Fakten auszurichten. Also müssen Sie bestimmen, was »die« Fakten sind. Dabei können Sie ruhig lügen bzw. Wahrheiten verbreiten, die von den Leuten, die an eine objektive Wahrheit glauben, als Lüge bezeichnet werden. Sie dürfen also auch Behauptungen aufstellen, von denen Sie genau wissen, dass sie falsch sind. Und Sie brauchen keine Angst davor zu haben, der Lüge überführt zu werden. Sozialpsychologische Experimente zeigen nämlich, dass es nur darauf ankommt, möglichst viel Zustimmung zu seinen Feststellungen zu erhalten, um aus einem Irrtum eine Wahrheit zu machen. Folgende Versuchsanordnung macht das deutlich: Von fünf Personen ist nur eine die *echte* Versuchsperson, während die anderen vier Probanden vom Versuchsleiter für eine gezielte Falschaussage bezahlt werden; den vermeintlich fünf Versuchspersonen werden fünf Stöcke präsentiert, von denen einer kürzer ist als die anderen; die vier bezahlten Personen erklären, alle Stöcke seien gleich lang; die echte Versuchsperson, die deutlich erkennt, dass ein Stock kürzer ist, beginnt an ihrer Wahrnehmung zu zweifeln, überzeugt sich schließlich selbst davon, dass sie sich irrt, und stimmt den anderen vier Personen zu.

Quintessenz für Sie: Lügen Sie, wo immer es Ihnen nützlich erscheint, und sorgen Sie – am besten schon vorher vereinbart – dafür, dass Ihnen viele Leute zustimmen. Sie können so nach Belieben Fakten erfinden und die von anderen beschworenen Fakten infrage stellen.

Ihr Hauptgegner bei der Definition von Fakten sind die Wissenschaften. Sie beruhen darauf, dass im Laufe der Geschichte charakteristische, mehr oder weniger normierte Beobachtungsverfahren eingeführt wurden, die es ermöglichen, dass unterschiedliche Beobachter zu denselben Aussagen über denselben beobachteten Gegenstand gelangen können. Auf diese Weise wird versucht objektiv abzusichern, was als Faktum zu betrachten ist. Diese verkürzte Skizze der Methode, wie in den Wissenschaften Fakten gefunden bzw. erfunden werden, zeigt schon das Problem, das alle Wissenschaften für jeden Ihrer Versuche, die Bevölkerung zu Ihrer eigensinnigen Sicht der Welt zu bekehren, darstellen.

Wissenschaftler versuchen nämlich, Aussagen über die Welt zu machen, die nur dann als wahr akzeptiert werden dürfen, wenn sie unabhängig davon sind, wer sie macht. Um dies zu erreichen, unterwerfen sich Wissenschaftler freiwillig einer höheren Macht: dem strengen Regime überprüfbarer Methoden der Wahrheitsfindung. Auf diese Weise finden sie dann Wahrheiten, die zwar nicht immer Ewigkeitswert beanspruchen können, aber immerhin stimmig genug sind, um sie für eine gewisse Zeit zur Grundlage individuellen und kollektiven Handelns machen zu können. Wichtiger aber noch ist die Möglichkeit, mithilfe wissenschaftlicher Methoden feststellen zu können, welche Aussagen und Behauptungen falsch sind, das heißt, welche vermeintlichen Fakten keine Fakten, sondern »Fake News« sind.

Jede Institution mit dem Anspruch auf eine höhere Macht, die sich nicht durch Geld und gute Worte auf Ihre Seite bringen lässt, ist Ihr natürlicher Gegner. Sie ist der Feind jedes Führers – sei es ein religiöser oder politischer Führer –, der für sich die totale Macht und den Zugang zu einer höheren Wahrheit beansprucht.

Sich Methoden der Objektivierung von Wahrheitsfindung zu unterwerfen, ist eine Begrenzung der Macht, die Sie schon aus Prinzip auf keinen Fall akzeptieren dürfen. Daher müssen Sie möglichst schnell damit beginnen, die Glaubhaftigkeit der Wissenschaften ganz generell infrage zu stellen. Hier können Sie die Methoden der Pauschalierung und Generalisierung, die bereits bei der Kreation von Feinden wirksam war, anwenden. Sobald Sie ein Beispiel finden, wo oder wenn ein Wissenschaftler sich als korrupt erwiesen hat (was ja gottseidank immer wieder mal passiert), verallgemeinern Sie dies! Wenn es auch nur eine wissenschaftliche Studie gibt, in der gefälschte Daten publiziert wurden, können alle infrage gestellt werden. Die heilige Kuh »Wissenschaft« mag damit zwar noch nicht geschlachtet sein, aber ihr Ansehen ist beschädigt, das heißt, ihre Autorität beginnt zu wackeln, sie bekommt Kratzer. Und diese gute Gelegenheit können Sie auch nutzen, um alternative Fakten, die Ihren Interessen besser dienen, öffentlich zu präsentieren. Nun stehen widersprüchliche Aussagen und Behauptungen im Raum, und Sie haben gute Chancen, den Wettbewerb um die Wahrheit, der in erster Linie ein Wettbewerb um Glaubhaftigkeit ist, zu gewinnen. Unentschieden steht es dann jedenfalls schon einmal.

Aber die Wissenschaften sind nicht der einzige Feind, den Sie aufgrund dessen Selbstverständnis aller Wahrscheinlichkeit nach haben, wenn Sie versuchen, die öffentliche Definition von Fakten zu manipulieren. Es gibt ein zweites, sehr mächtiges Subsystem der Gesellschaft, das Ihnen bei Ihrem Bemühen um die Machtergreifung im Wege steht: das Rechtssystem.

Was das Rechtssystem mit den Wissenschaften verbindet, ist, dass beide sich dem Ideal verpflichtet fühlen, ihre Urteile ohne Ansehen der Person zu fällen. Dies könnte für Sie gefährlich werden, weil Sie und die Gefolgsleute, die schon lange an Ihrer Seite marschieren, wie auch diejenigen, die erst vor Kurzem zu Ihrer Bewegung gestoßen sind, irgendwann einmal vor Gericht gezerrt werden könnten. Sie dürfen sich daher nicht wirklich dem Recht als übergeordneter Macht unterwerfen. Das würde Sie nicht nur klein und ohnmächtig vor Ihren Anhängern erscheinen lassen, es besteht auch eine ganz reale Gefahr, dass Sie irgendwann einmal von einem Gericht aus dem Spiel genommen werden. Deshalb müssen Sie, solange Sie noch nicht die Macht innehaben und noch beim Marsch durch die Institutionen sind, Gesetztestreue simulieren. Es wäre nicht gut, wenn ihre potenziellen Wähler und Unterstützer Sie und Ihre Kameraden für kriminell oder verfassungsfeindlich halten. Das könnte die Hemmschwelle, sich Ihnen anzuschließen, erhöhen. Wenn Sie erst einmal an der Macht sind, sieht die Situation anders aus. Dann können Sie das Rechtssystem in einer Weise reformieren, die Ihnen zupasskommt. Aber bis es so weit ist, bleibt Ihnen nur als Königsweg, das bestehende Rechtssystem zu disqualifizieren, es zu schmähen und zu verunglimpfen. Auch hier wieder: Nutzen Sie die tatsächlichen und unübersehbaren Schwächen und Fehler des Systems, die es ja gibt (Stichwort: Klassenjustiz) und aus denen sich ein Reformbedarf ergibt – wenn auch wahrscheinlich nicht der Art, wie er dann später mal von Ihnen realisiert werden wird –, das wird die Stichhaltigkeit Ihrer Kampagne unterstreichen.

Eine dritte mit Ihnen wahrscheinlich um die Definitionshoheit in den westlichen Staaten streitende Macht stellt die Presse dar. Sie ist fast überall in der Hand weniger Konzerne (internationales Großkapital), was Sie als Angriffspunkt verwenden können. Die Presse und deren Kritik an Ihnen zu diskreditieren, fällt leichter als beim Rechtssystem oder der Wissenschaft, denn es gibt ja seit ewig Zeitungen, an deren Seriosität und neutrale Berichterstattung niemand wirklich glaubt: Revolverblätter aller Art, die Regenbogenpresse, alle Boulevardzeitungen und, wenn auch heute kaum noch zu finden: die guten alten Parteizeitungen (früher von Bedeutung zum Beispiel: »Prawda«, »Vorwärts«, »Bayernkurier«, »Osservatore Romano«, »Der Völkische Beobachter«). Wenn Sie die Mainstream-Presse als Tendenzpresse, die stets nur die Anliegen der herrschenden Eliten vertritt, brandmarken, dann können Sie deren Kritik an Ihren populistischen Strategien von vornherein einen Riegel vorschieben. Mögen die doch schreiben, was sie wollen: Wenn ihnen keiner glaubt, dann liest (bzw. hört oder sieht) diese Machwerke nur noch, wer sowieso schon deren Meinung ist. Alle anderen geraten in Zweifel, und das ist das Ziel aller Diskreditierungsmaßnahmen. Auch hier gilt wieder: Wiederholen, wiederholen, wiederholen – das ist die Zauberformel jeder Art von Gehirnwäsche, steter Tropfen höhlt das Hirn.

Was negativ für die Presse, die Sie kritisch verfolgt, wirkt, hat positive Wirkung für die Presse, die sie mit Sympathie oder offen unterstützend begleitet. Hier haben Sie es mit einem Publikum zu tun, das Ihnen im besten Fall treu ergeben ist und nur – als Verunsicherungsprophylaxe – die tägliche Bestätigung der eigenen Überzeugungen braucht. Hier muss kein Publikum missioniert werden, denn es besteht nur aus Gläubigen. Alle anderen Leute schauen sowieso nicht zu und geben kein Geld dafür aus, sich ihrerseits verunsichern zu lassen. Sie haben es auf beiden Seiten, bei Freunden und Feinden, mit geschlossenen Gesellschaften zu tun, die abweichende Meinungen nicht tolerieren.

Interessant sind in der Hinsicht allein die Personen, die unentschieden – irgendwo in der Mitte – stehen und Orientierung suchen. Diese Leute müssen Sie durch Ihre alternative Sicht der Welt erreichen und davon überzeugen, dass Sie es sind, der wirklich den Durchblick hat.

Bei der Konstruktion von Weltbildern – seien es die des Mainstreams, seien es die von Ihnen favorisierten und promoteten – haben Sie drei Ebenen, auf denen Sie Unterschiede einführen können. Die erste Ebene wurde schon genannt: bei den sogenannten Fakten. »Sogenannt«, weil inzwischen deutlich geworden sein dürfte, dass Fakten nicht verwechselt werden dürfen mit irgendwelchen unverrückbaren, objektivierbar wahren Tatsachen. In jeder Gemeinschaft, sei es eine

Familie oder eine Nation, einigt man sich, was als Fakt zu betrachten oder als Fake zu verwerfen ist. Das heißt, es bedarf eines Kommunikationsprozesses, damit am Ende irgendeine Behauptung als faktisch richtig und wahr angesehen wird.

Und in Kommunikationsprozesse – das ist das Schöne – kann man sich einmischen, man kann sie beeinflussen, man kann ihnen eine Richtung, einen »Spin« geben, der den eigenen Interessen dient. Und da man als Teilnehmer an der Kommunikation, ob man will oder nicht, immer eine Auswahl unter den vielen Phänomenen vornehmen muss, auf die man seine Aufmerksamkeit richten könnte, haben Sie die Möglichkeit, die Aufmerksamkeit Ihrer Mitmenschen gezielt auf die Phänomene zu lenken, von denen Sie möchten, dass sie zu Fakten werden. »Ich seh' etwas, was Du nicht siehst!« ist wiederum eines dieser aufklärerischen Kinderspiele: Es nutzt die Selektivität der Aufmerksamkeit (und macht dabei auf diese Selektivität aufmerksam).

Wie wir die Welt beschreiben, ob als Einzelner oder als Kulturgemeinschaft, hängt nicht allein von der sensorischen Ausstattung des menschlichen Organismus ab, sondern von den Beobachtungsschemata, die wir jeweils verwenden. Sie sortieren, was wir in den Blick nehmen und im Blick behalten.

Wenn es Ihnen gelingt, die Beschreibung der Gesellschaft durch die Mitglieder der Gesellschaft zu beeinflussen, ist das die Fahrkarte für einen unaufhaltsamen Aufstieg, den Fahrstuhl nach oben.

Falls Sie es nicht schaffen sollten, die Beschreibungen, das heißt die Auswahl und Kreation der Fakten, auf die von Ihnen gewünschten beobachtbaren Ereignisse und Geschehnisse zu lenken, so sind Sie mit Ihrem Latein aber noch lange nicht am Ende. Denn Sie können nun die Erklärung und die Bewertung dieser Fakten zu steuern versuchen.

Und bei den Erklärungen – das heißt der Konstruktion von Ursache-Wirkung-Beziehungen – können Sie Ihrer Phantasie freien Lauf lassen. Allerdings sollten Sie auch hier wieder versuchen, an die dramaturgischen Muster, die das kulturelle Erbe in Form überlieferter Geschichten zur Verfügung stellt, anzuschließen. Sie sollten missliche Geschehnisse immer als das Wirken miteinander verschworener Übeltäter (= »Feinde«) erklären. Zufall gibt es nicht; komplexe Wechselbeziehungen zwischen einer Vielzahl undurchschaubarer Faktoren auch nicht. Alles ist geplant. Was immer geschieht, Sie können, wenn Sie suchen, dahinter immer böse Absichten finden. Und wo es böse Absichten gibt, existiert irgendjemand, der sie hat. Ganz klar! Wer sollte das sein, wenn nicht Ihr Feind, die Feinde, vor denen Sie ja schon lange warnen?

Das Prinzip ihrer Deutungen der Geschehnisse ist ganz einfach: Den einzelnen Ereignissen ist nicht anzusehen, wie sie entstehen. Sie könnten theoretisch das Ergebnis unglücklicher Umstände sein, des Zufalls, Pech; aber sie können eben auch das Resultat teuflischer Pläne sein. Hier ist Ihre Kreativität bei der Formung von Hypothesen gefragt.

Wenn Sie wirklich einmal nicht umhinkommen, irgendwelche Daten als Fakten anzuerkennen, obwohl Sie überhaupt nicht zu der von Ihnen propagierten Weltsicht passen (zum Beispiel sogenannte »harte Fakten«, wie sie gern von Naturwissenschaftlern oder Ingenieuren in die Debatte geworfen werden), und wenn es Ihnen obendrein auch nicht gelingen sollte, eine alternative Erklärung, die Ihre Weltsicht stützt, zu entwickeln, so können Sie immer noch auf die Umwertung des Ganzen zurückgreifen. Was gut erscheint, hat immer auch Nebenwirkungen, die als schlecht beurteilt werden können, und umgekehrt, was schlecht erscheint, hat meist auch irgendeinen positiven Aspekt, den Sie dann als den eigentlichen Wert herausstellen können. Bei der Bewertung kommen immer Gefühle ins Spiel. Sie sind die Klaviatur, auf der Sie Virtuosität entfalten müssen (dazu später mehr).

Sie haben also drei Ansatzpunkte, um Ihre Weltsicht zu untermauern: indem Sie

(1) alternative Beschreibungen (»Fakten«) in den Mittelpunkt der Aufmerksamkeit rücken,
(2) alternative Erklärungen (»Kausalitäten«) propagieren und
(3) alternative Bewertungen der Fakten wie auch der Kausalitäten (nicht nur, aber vor allem: »emotionale Färbungen«) vornehmen.

Mithilfe dieser Werkzeugkiste können Sie ein neues, hilfreiches Weltbild verkaufen, das, wenn es den heimlichen und unheimlichen Wünschen Ihrer Basis entgegenkommt, auch dankbar angenommen wird. Natürlich müssen Sie damit rechnen und sich darauf vorbereiten, dass die üblichen Kritikaster und Miesmacher nicht einverstanden mit Ihrer Botschaft sind. Aber – spätestens jetzt zeigt sich, wie wichtig es ist, mit der Kreation eines Feindes zu beginnen – Sie brauchen keine Sorge zu haben, dass sich Ihre Gefolgschaft von Ihnen abwendet, denn es ist ja klar, dass Ihre Feinde die Wahrheit nicht ertragen und verfälschen und lügen (»Lügen-Presse«, »Fake News«). Also brauchen Sie sich gar nicht zu sorgen, dass Ihnen irgendwelche vermeintlichen Fakt-Checker an den Karren fahren könnten.

Ihre Unangreifbarkeit resultiert aus denselben psychischen Mechanismen, die Psychiater so hilflos aussehen lassen, wenn einer ihrer Schützlinge sich in ein Wahnsystem verstrickt hat. Lassen Sie sich durch den Begriff Wahnsystem nicht erschrecken, es geht nämlich hier um einen außergewöhnlich intelligenten Trick, sein Bild der Wirklichkeit gegen die Angriffe anderer zu schützen, den auch Sie nutzen sollten – bzw. schon nutzen, wenn Sie all das tun, was in den vorigen Abschnitten empfohlen wurde. Der Trick besteht darin, Aussagen dagegen zu immunisieren, als falsch erkannt (»falsifiziert«) zu werden. Wer, zum Beispiel, unter einem Verfolgungswahn leidet, fühlt sich von einem mächtigen Gegner (einem Feind, meist einer ganzen Horde miteinander verschworener Feinde) verfolgt. Da er diesem Gegner riesige Kräfte zuschreibt, muss er höllisch auf sich aufpassen. Er verbarrikadiert sich in seiner Wohnung, installiert an seiner Haustür so viele Sicherheitsschlösser, dass Besucher, die er eingeladen hat – was selten genug vorkommt –, eine Viertelstunde vor der Tür warten müssen, bis die vielen Schlösser entriegelt sind. Er versucht, sich durch die Sicherung der Grenzen seiner Wohnung zu schützen, kauft eine Alarmanlage, wird damit aber trotzdem nicht glücklich, da er nicht sicher sein kann, dass die Handwerker, die sie einbauen, nicht in die Verschwörung einbezogen sind usw. Was immer ein wohlmeinender Zeitgenosse an Argumenten gegen diese – aus seiner Sicht wahnhafte – Deutung der Welt vorbringt, wird vom Schöpfer dieser alternativen Interpretation der Geschehnisse als Bestätigung der eigenen Verfolgung gewertet. Solch ein Verfolgungswahn ist nicht zu entkräften, es gibt keine akzeptablen Beweise dafür, dass er falsch ist, und wer ihn infrage stellt, wird als Teil der Verschwörung identifiziert.

Dies ist die Logik des Deutungsschemas, nach dem Sie den Feind zu konstruieren haben. Was immer er tut und was immer als Beleg dafür angeführt werden könnte, dass er keine feindlichen Absichten verfolgt, muss als weiterer Beweis Ihrer These bewertbar sein. Sie müssen eine Weltsicht anbieten, die nicht durch vermeintlich harte Fakten falsifizierbar ist. Das ist deswegen nicht wirklich schwer, weil Fakten ja immer vieldeutig sind, unterschiedlich erklärt und bewertet werden können und Sie für sich die Deutungshoheit beanspruchen. Widerspruch wird dann lediglich zur Bestätigung Ihrer Behauptungen.

9 Erklären Sie sich zum völkischen Kämpfer gegen die Eliten!

(Das Volk)

Das Fundament Ihrer Bewegung haben Sie bereits durch die Warnung vor dem Außenfeind gebildet. Die Zahl Ihrer Anhänger mag am Anfang Ihres Weges noch klein sein, aber über kurz oder lang wird sie wachsen, vor allem wenn dieser Feind Sie durch Aktionen, die als aggressiv gedeutet werden können, unterstützt. Der mit seiner bloßen Existenz verbundene Innen-außen-Konflikt, der die Solidarisierung sich bedroht fühlender Bürger wahrscheinlicher macht, ist aber für Sie mit einem Dilemma verbunden. Denn Sie brauchen zur eigenen Identitätsbildung und -wahrung auch einen *internen* Feind, gegenüber dem Sie sich und Ihre Bewegung abgrenzen und gegen den Sie politisch kämpfen können. Wenn nur der Außenfeind im Blick wäre, gäbe es keinen Grund, an den internen Machtverhältnissen des Landes etwas zu verändern. Sie müssen daher einen internen Konflikt initiieren.

Für die Rolle und Funktion des politischen Gegners bietet sich naturgemäß erst mal jeder an, der die Feindseligkeit des Außenfeindes nicht als gegebene Tatsache akzeptiert oder relativiert. Er kann leicht als Mitglied der fünften Kolonne des Feindes überführt werden. Ihm wird keiner glauben, weil er sich selbst als vaterlandsloser Geselle und Verräter ins Abseits manövriert. Um jemandem diesen Status zu verpassen, reicht es schon, wenn er Verständnis für den Außenfeind oder – schlimmer noch – Sympathie für ihn äußert.

Auch wer eine neutrale Position oder eine Außenperspektive auf die gemeinsame Interaktion und Geschichte mit dem Feind einzunehmen versucht, kann nach dem Wer-nicht-für-uns-ist-ist-gegen-uns-Schema als Verräter kategorisiert werden.

Doch auch ohne irgendeinen Bezug zu einem Außenfeind müssen Sie, um nicht in einer politischen Harmoniesoße zu ertrinken, einen internen Feind zwecks eigener Profilierung finden.

Wie die Strategen des alten China schon festgestellt haben, ist es kräftesparend, das Potenzial der aktuellen Situation für seine eigenen Ziele zu nutzen. Wer mit dem Strom schwimmt, kommt schneller vorwärts. Das bedeutet aber nicht, dem Mainstream zu folgen, sondern mit den bestehenden sozialen Strömungen, die bislang nicht oder nicht hinreichend im Fokus der öffentlichen Aufmerksamkeit stehen, zu schwimmen.

Aktuell liefert zweifellos die seit den 80er Jahren zunehmende Spaltung der westlichen Gesellschaften in Arm und Reich dieses Energie- und Situationspotenzial. Es manifestiert sich in den Demonstrationen diffus Unzufriedener und Enttäuschter, die in immer kürzeren Abständen die Straßen der europäischen Großstädte blockieren. Dies ist ein Symptom dafür, dass die sogenannten westlichen Demokratien den Ansprüchen von individueller Freiheit des Einzelnen, Gleichheit der Chancen und Solidarität mit dem Bürger, wenn er in Notlagen gerät, nicht gerecht werden. Die etablierten Parteien lassen im Gegensatz zu den von ihnen proklamierten Werten riesige Unterschiede in den Lebensverhältnissen unterschiedlicher Schichten der Bevölkerung zu, ja, sie fördern sie sogar. Die Schere zwischen gut bezahlter Arbeit und prekären Jobs ist weit geöffnet, ohne dass dies Leistungsunterschieden zwischen den Einzelnen entspricht. Dies zeigt einen Fehler im System. Die Unzufriedenheit ist in der Bevölkerung weit verbreitet – ein gespannter Bogen, der nur auf Sie wartet, um zielgerichtet abgeschossen zu werden.

Mit der Schere, die das Land in zwei Teile teilt, lässt sich eine kognitive Landkarte zurechtschneiden, an der Sie und Ihre Anhänger sich orientieren können. Wenn Sie sich in klassisch populistischer Manier auf »das Volk« als Lieferant der Legitimation für Ihren Machtanspruch berufen wollen, so müssen Sie »das Volk« (Einzahl) ansprechen und an es appellieren können (es hat ja keine eigene Telefonnummer, bei der Sie anrufen könnten, um sich dort Ihr Mandat bestätigen zu lassen).

Aber wer oder was ist das Volk?

Es ist objektiv ziemlich schwierig festzustellen, auf welches soziale Gebilde eigentlich der Begriff Volk passt. Woran würde ein kleines grünes Männchen, das gerade vom Mars kommt, erkennen, dass es »dem« Volk oder »irgendeinem« Volk begegnet? Die Definition ist deswegen so schwierig, weil die Bevölkerung eines Landes (was ja etwas anderes als »das« Volk ist) extrem vielfältig in seiner Zusammensetzung ist. Da gibt es Frauen, Männer, alle möglichen Übergangsformen zwischen den Geschlechtern, Kinder, Alte, Mittelalte, Junge, Schlaumeier, Dummköpfe, Gebildete, Ignoranten, Akademiker, Handwerker, Hilfsarbeiter, Arbeitslose, Obdachlose, Hungerleider, Künstler, Selbstständige, Angestellte, Beamten, Millionäre und Milliardäre, schöne Menschen, hässliche Menschen, Gesunde, Kranke usw. – die Vielfalt ist so groß, dass es vermessen wäre, ihnen ein alle verbindendes definierendes Merkmal zuordnen zu wollen. Es gibt so viele Gruppen mit gegensätzlichen Interessen, dass kaum ein auf Spezifika eingehendes Programm und Versprechen eines Politikers mehrheitsfähig wäre. Da hilft die Erfindung des »Volks« (wie in: »Wir sind das Volk!«).

Das Großartige an der Sprache bzw. der Verwendung von Etiketten und Namen sowie dem an sie gebundenen Denken ist, dass man Begriffe nicht allein dadurch definieren kann, indem man einem Wort eine Bedeutung bzw. charakteristische Merkmale zuschreibt; man kann – ganz im Gegenteil – ihre Bedeutung auch in der Weise festlegen, dass man festlegt, welche definierenden Merkmale nicht (!) auf sie zutreffen.

Angewandt auf die Definition von »Volk« zeigt sich, dass über die Außenseite der Unterscheidung Volk/Nicht-Volk, das heißt über die Gruppe von Menschen, die nicht zum Volk gehören, sich viel leichter ein Konsens erzielen lässt, als unverwechselbare Merkmale des Volks zu bestimmen.

Die Unterscheidung zu einem Außenfeind mag reichen, um einen Nationalismus zu begründen – wobei anzumerken ist, dass Nationalismus nicht unbedingt populistisch sein muss, aber populistische Strategien so gut wie nie darauf verzichten können, die nationalistische Karte zu spielen (»America first«, »Deutschland, Deutschland über alles in der Welt«) –, aber sie reicht nicht, um innerhalb einer vielgeliebten Nation die Macht zu übernehmen. Dazu bedarf es innerhalb der Bevölkerung der Polarisierung »wir« und »die anderen«, welche die Gesellschaft spalten kann. Sie muss einen prinzipiellen Interessenkonflikt zwischen zwei (*nur* zwei!) Teilen der Gesellschaft (er-)finden oder offenlegen (das kommt in der Praxis auf dasselbe heraus, da auch erfundene soziale Differenzen innerhalb der gesellschaftlichen Kommunikation die Tendenz haben, sich als selbsterfüllende Prophezeiung zu erweisen, das heißt zu realisieren).

Wenn Sie »die anderen« und ihre tatsächlichen oder vermeintlichen Charakteristika bestimmen, dann reicht dies, um »das Volk« durch die Merkmale »der anderen«, die dem

Volk (Gott sei Dank) fehlen, zu definieren und ihm zu einer vielleicht nicht direkt erkennbaren, aber doch benennbaren Identität als »Nicht-die-anderen« zu verhelfen.

Die interne Konfliktlinie (»wir« vs. »die anderen«) muss so gestaltet sein, dass sie die Wahrscheinlichkeit erhöht, Mehrheiten zu bilden (was, solange noch die etwas antiquierten Regeln einer repräsentativen Demokratie gelten und nicht zu umgehen sind, leider nicht zu vermeiden ist). Der Königsweg, »das Volk« zu definieren, ist für Sie daher, eine Minderheit zu suchen, von der das Volk sich unterscheiden kann. Es ist egal, welche Minderheit das ist, Hauptsache es handelt sich um eine Minderheit, denn, wie der Begriff schon deutlich macht, ihr steht eine Mehrheit gegenüber – und das ist die potenzielle Mehrheit für Sie! Sie müssen diese Mehrheit (= »das Volk«) nur noch aktivieren und auf die Straße oder wenigstens an die Wahlurne bringen.

Im Laufe der Geschichte ist in den verschiedenen Gegenden der Welt der Kontrast zu einer Vielfalt von Minderheiten zur Identifizierung des Volks gebraucht worden. Aktuell, wo die Lebensverhältnisse von »denen da oben« und »denen da unten« allgemein beobachtbar immer größer werden, empfiehlt es sich, diesen potenziellen Konflikt zu nutzen und den Kampf »derer da unten« – denn sie sind »das Volk« – gegen »die da oben« auf seine Fahne zu schreiben. Und »die da oben«, das ist die sogenannte »Elite«.

Elite ist ein Begriff, der über Jahrzehnte in der deutschen Umgangssprache kaum gebräuchlich war (außer um eine Joghurtmarke zu bezeichnen), aber seit einiger Zeit prägt er die öffentliche Diskussion in erstaunlicher Weise. Sie sollten ihn zur Benennung des inneren Feindes nutzen, wo immer und wann immer Sie können. In der Abgrenzung zu den Eliten (Mehrzahl, um die Option offenzulassen, gleichzeitig mehrere, nicht miteinander verbundene Minderheiten »da oben« aufs Korn zu nehmen) gewinnt das Volk seine »Identität gegen ...«. Diese Form der Identitätsbildung ist keineswegs pathologisch, sondern in der Entwicklung des Individuums ein normaler Schritt (z. B. in der sogenannten Trotzphase des kleinen Kindes). Wenn man weiß, wogegen man ist, muss man nicht wissen, wofür man ist. Aber das ist kein Problem, denn auch im Dagegensein erlebt man schon seine Autonomie, den Akt der Auflehnung und eigenen Handlungsfähigkeit, das Nicht-Akzeptieren der Unterwerfung unter den Status quo und diejenigen, die ihn verwalten und von ihm profitieren. Was für den Einzelnen gilt, kann ohne Weiteres auf massenpsychologische Prozesse übertragen werden:

Im Kampf gegen die Eliten – »da oben« – erfindet sich das Volk.

Der Streit, der die Themen der abendlichen Talkshows wie der Politologie bestimmt, ob es die »Abgehängten«, die »Hartz-IV-Empfänger«, die um das christliche Abendland »besorgten Bürger« oder »wertkonservative Patrioten« usw. sind, die empfänglich für populistische Argumente sind, muss Sie nicht weiter scheren, denn es ist eine vollkommen vergebliche und ergebnislose Diskussion. All diese Leute finden sich unter Ihren potenziellen Anhängern und noch viele andere mehr, weil sich alle angesprochen fühlen, die mit Ihnen übereinstimmen, dass die Eliten der natürliche Feind des Volkes sind. Und auf diese Eliten können Sie mit dem Finger zeigen, einzelne prototypische Personen herauspicken und charakterisieren (Musterbeispiel: George Soros, als »geldgeiler internationalistischer Jude«).

Jedermann kann die Repräsentanten der Eliten abends in den Fernsehnachrichten sehen: Es sind Machthaber in

Politik, Wirtschaft und Wissenschaft. Auf diese Menschen können Sie die Aufmerksamkeit lenken, denn sie sind die Verantwortlichen in den Institutionen und Organisationen, denen die einfachen Leute draußen im Lande (= »wir«) alltäglich ausgeliefert sind. Voller Bedauern und Nostalgie sollten Sie darauf hinweisen, dass heute nichts mehr so ist wie früher, als alles noch gut war: Die Verantwortlichen in Wirtschaft und Staat waren damals, in den guten alten Zeiten, noch anständig, das heißt, sie waren der Garant dafür, dass für jeden gesorgt wurde, dass Sicherheit herrschte; die Zukunft wurde nicht als Bedrohung erlebt, sondern als hoffnungsvolles Versprechen, unseren Kindern werde es einmal besser gehen; Vater Staat wurde noch seiner Rolle als Hüter von Recht und Ordnung gerecht; niemand musste Sorge um seinen Arbeitsplatz haben; jeder konnte seinen Wohlstand mehren und niemand musste Angst vor Altersarmut haben ... Jetzt aber, in den Zeiten, in denen die Globalisierung des Welthandels, die zunehmende Digitalisierung, die rasante Entwicklung des Flugverkehrs und die Durchlässigkeit nationaler Grenzen die gewohnten und Sicherheit stiftenden sozialen Strukturen in den meisten westlichen Ländern ins Wackeln oder zum Einsturz gebracht haben, stimmt das alles nicht mehr. Es sind Verhältnisse, unter denen die Eliten nicht leiden, nein, sie genießen sie sogar und profitieren schamlos von ihnen. Aber für das Volk, die einfachen Leute ist das ganz anders: Die Ungewissheit über die Zukunft macht ihnen zu Recht große Angst. Und wer ist schuld an der Misere? Die Eliten. Sie sind es, die diese Entwicklung vorangetrieben haben, ohne Rücksicht auf die Verluste des Volks, das den Preis für den vermeintlichen Fortschritt zu bezahlen hat.

»Die da oben«, das sollten Sie als Volkstribun ihren Schützlingen immer wieder einhämmern, sind nicht am

Wohl des Volkes interessiert. Sie sind keine Patrioten, da sie ein Netz von persönlichen oder geschäftlichen Kontakten und Freunden haben, das nicht an den Grenzen ihres Landes Halt macht; internationale Seilschaften, Geheimgesellschaften, Netzwerke von Verschwörern, welche die Welt schon längst unter sich aufgeteilt haben. Sie kennen keine Heimat, sprechen fremde Sprachen, sind durch die intime Kenntnis fremder Kulturen in ihren Werturteilen versaut; sie sind offen für jede Veränderung; sie missachten jahrhundertealte Traditionen, schmeißen das Erbe ihrer eigenen Kultur auf den Mist; experimentieren mit unorthodoxen Familienformen; sind sexuell pervers und wollen dies obendrein zur Norm erheben und in der Grundschule lehren; außerdem sind sie meist auch noch finanziell gut gestellt, sodass sie nicht die Sorgen der einfachen Leute kennen, wie sie mit ein paar Kröten durch den Monat kommen können; mit Religion haben sie auch nicht viel am Hut, außer dass sie eventuell Weihnachten in eine prunkvolle Mitternachtsmesse gehen; sie finden den Schutz wandernder Kröten wichtiger als den von Menschen, dramatisieren die Veränderungen des Klimas und würden ohne Bedenken Tausende von Arbeitern in die Arbeitslosigkeit schicken, um ihrer Umweltschutzideologie zum Sieg zu verhelfen ... Alles in allem: links-grüne Ideologen.

Der interne Gegner (Sie sollten ihn nicht Feind nennen, weil das von einigen guten Bürgern als zu radikal erlebt werden könnte, ihn aber trotzdem so behandeln) hilft Ihnen aller Wahrscheinlichkeit nach bei der Formung des Volkes als handelnder Gemeinschaft. Zum einen haben einige dieser Vorwürfe einen realen Kern: Es gibt Netzwerke von Mächtigen, die untereinander in Hinterzimmern oder in Davos oder exklusiven Golfklubs Absprachen treffen, die für das Leben großer Teile der Bevölkerung gravierende Folgen haben können. Und diese Zirkel der Macht sind tatsächlich teilweise hermetisch abgeschlossen, intransparent und nicht kontrolliert. Dieser reale Kern unterstützt Ihre Glaubhaftigkeit und das Vertrauen Ihrer Basis in die Stichhaltigkeit Ihrer Argumente. Die Mischung aus berechtigter Kritik und erfundenen Übeltaten eröffnet Ihnen den Freiraum, ad hoc Nachrichten zu erfinden, die zu den von Ihnen und Ihren Anhängern erzählten Geschichten passen und sie zu bestätigen scheinen.

Zum anderen hilft Ihnen ihr politischer Gegner immer dann, wenn er Maßnahmen ergreift, die emotional für breite Teile der Bevölkerung nicht nachvollziehbar sind oder für sie mit schweren ökonomischen Belastungen verbunden sind. Über Steuererhöhungen auf Produkte wie Lebensmittel oder Benzin, die für das tägliche Leben notwendig sind, dürfen Sie sich – heimlich natürlich nur – wie über einen unerwarteten Lottogewinn freuen. Offen sollten Sie gegen alle aus Idealismus oder düsteren Zukunftsprognosen abgeleitete gesetzliche Maßnahmen kämpfen, gegen all diese »Traumtänzer«, denen der Bezug zum Mann und der Frau auf der Straße verloren gegangen ist (was – in Bezug auf den verloren gegangenen Bezug – wiederum in vielen Fällen eine angemessene Bewertung sein dürfte, das heißt, da müssen Sie nicht mal lügen).

Sie erklären sich zum Anwalt für die Interessen des Volks bzw. derer, die in dieser Gesellschaft systematisch benachteiligt werden. Allerdings sollten Sie es nicht bei der trockenen und gesitteten Formulierung von Anträgen, wie dies Anwälte üblicherweise vor Gericht tun, belassen, sondern Sie sollten zum völkischen Kampf aufrufen: Demonstrationen, Plakate, Streiks, Straßensperren (natürlich alles ganz friedlich im Rahmen des Demonstrationsrechts – wenn sich Extremisten und Radikale drunter mischen sollten und gewalttätig werden sollten, so müssen Sie das selbstverständlich öffentlich verurteilen und sich davon distanzieren, aber in aller Unschuld schmunzelnd ertragen) ...

10 Spielen Sie auf der Klaviatur der Gefühle! *(Die Emotionen)*

Unter Millionen von Menschen Mehrheiten zu finden, ist nicht einfach, da deren physische, soziale und ökonomische Lebenswelten sehr verschieden sind und jeder Einzelne die Welt ganz anders sieht und erlebt als sein Nachbar. Selbst bei Menschen, die nah beieinander leben, mehr oder weniger dieselbe Sprache sprechen und den gleichen Job haben, ist die Variationsbreite ihrer Ziele und Interessen riesig. Dies ist wohl das größte Problem für jeden, der eine Volksbewegung auf die Beine stellen will. Die Möglichkeiten, unterschiedlich auf die Welt zu blicken und sich seine Urteile zu bilden, scheinen unbegrenzt.

Diese Schwierigkeit resultiert – wenn wir aus einer anthropologischen Perspektive schauen – aus der biologischen Konstitution des Menschen, genauer gesagt: aus der Funktion seines Großhirns. Es ist in der Lage, hochkomplexe Wechselbeziehungen zu erfassen und zu analysieren und daraus Entscheidungen abzuleiten, die das Handeln seines Besitzers leiten. Das ist für den Einzelnen natürlich (noch) kein Problem, aber für die Gemeinschaft. Denn jeder Eigentümer eines Großhirns zeichnet bei seiner Beschreibung der Welt mit großer Wahrscheinlichkeit seine eigene, unverwechselbare Landkarte. Wie sie aussieht, hängt von seinen aktuellen Lebensumständen ab, seiner Geschichte, das heißt den Erfahrungen, die er in der Vergangenheit gemacht hat, aber auch von der Zukunft, auf die er sich schon in der Gegenwart vorbereitet – sei es, dass sie ihm Angst macht, sei es, dass er seine Hoffnungen auf sie richtet.

Um es auf eine Formel zu bringen: Das Denken des Einzelnen in seiner unverwechselbaren Komplexität macht es unwahrscheinlich, dass größere Gruppen oder Gemeinschaften zu kollektivem Handeln gelangen, da ihre Vorannahmen über die Welt und ihre Interessen zu weit auseinanderliegen. Ja, schlimmer noch: Denken produziert immer dann Konflikte, wenn es Handlungskonsequenzen haben könnte (darum vermeiden es ja so viele Leute zu denken, und eigentlich sollte man es um des lieben Friedens willen verbieten).

Schlechte Karten also für Sie und Ihre Volksbewegung, so scheint es. Aber, keine Sorge, das mehr oder weniger logische Denken des Großhirns ist ja nicht der einzige Faktor, der das Handeln des Menschen bestimmt. Denn mindestens genauso wichtig wie das vermeintlich rationale Denken des Großhirns ist die Funktion des limbischen Systems: das Fühlen.

Die Tatsache, dass Menschen nicht nur denken, sondern auch fühlen, beschert dem Einzelnen im Alltag ziemlich viele Schwierigkeiten, weil nur zu oft beides nicht zusammenpasst, sich widerspricht und ihn in psychische Konflikte stürzt: Sein Gefühl sagt hü, sein Verstand sagt hott. Aber das ist nicht Ihr Problem. Für Sie ist lediglich von Bedeutung, dass Ihnen die Gefühle der Menschen einen Weg eröffnen, Mehrheiten für Ihr Anliegen zu erhalten und – noch wichtiger – diese Mehrheiten zum Handeln bewegen zu können. Denn wo die Komplexität des Denkens den Großhirnbenutzer immer wieder zwingt, sich im Labyrinth seiner Gedanken alle paar Meter zu entscheiden, welchen Pfad er bzw. sein Denken und Handeln nehmen soll, und er sich dabei leicht verirren kann, ohne je den Ausgang ins Freie zu finden, hat es der Benutzer des limbischen Systems viel einfacher: Das Fühlen reduziert die Komplexität der Welt in einer Weise, die schnelles Handeln ermöglicht und zur Aktion drängt; die Umleitung über das sorgsam abwägende (und daher nur langsam zu seinen Schlüssen kommende) Großhirn wird vermieden.

Wo schnell gehandelt werden muss, hat niemand Zeit zu reflektieren und kalkulieren, wie langfristige Kosten-Nutzen-Rechnungen zu bilanzieren sind. Der Grund dafür, dass das Fühlen in der Evolution der Menschheit nie seine überlebenswichtige Funktion verloren hat, dürfte sein, dass es schnell ist und schnelles Handeln zur Folge hat (allerdings könnte das auch der Grund dafür sein, dass die Evolution der Menschheit mal ihr Ende findet, wenn zu schnell gehandelt wird – aber das sollte wiederum nicht Ihre Sorge sein).

Die Schnelligkeit geht auf Kosten der Differenzierung des Urteils. Doch diese Differenzierung ist es ja, was kollektives Handeln unwahrscheinlich macht. Die gröberen, weniger komplexen Unterscheidungen des Fühlens hingegen legen die Grundlage für kollektives Handeln. Die Wahrscheinlichkeit, dass unterschiedliche Menschen dasselbe denken, ist nur sehr gering, aber die Wahrscheinlichkeit, dass sie dasselbe fühlen, ist ziemlich groß. Geteilte Gefühle und Stimmungen sind es, was aus vielen einzelnen Menschen eine gemeinsam handelnde Einheit – eine »Masse« – machen kann.

Wenn, um dies durch ein Beispiel zu illustrieren, Millionen von Produkten für unterschiedliche Bedürfnisse der Verbraucher auf dem Markt erhältlich sind, so ist die Wahrscheinlichkeit, dass alle dieselbe Ware kaufen, gering – es kann sogar sein, dass nur ein einzelner Käufer ein bestimmtes Produkt erwirbt; wenn hingegen nur ein Dutzend Produkte für ein Dutzend Bedürfnisse der Verbraucher angeboten werden, so ist die Wahrscheinlichkeit, dass viele dasselbe Produkt kaufen, sehr groß – sie versammeln sich dann im selben Laden. Im ersten Fall ist der Markt hoch differenziert und zersplittert, im zweiten Fall ist er wenig differenziert. Er ist in leicht überschaubare Konsumentengruppen geordnet, unter denen jeweils der Konsens besteht, dasselbe Produkt kaufen zu wollen.

Da es nur eine überschaubare Zahl unterschiedlicher Gefühle gibt, die ein Mensch erleben kann – die Experten streiten sich über die genaue Zahl, aber es handelt sich wohl um nicht mehr als ein Dutzend –, ist es ganz analog viel leichter eine Übereinstimmung des Fühlens bei einer großen Zahl von Menschen auszulösen als unter den Millionen Möglichkeiten unterschiedlichen Denkens Einigkeit zu erzielen. Nur das zwangsläufig relativ schlicht differenzierende Fühlen des Menschen kann deshalb auf Dauer eine populistische Bewegung hervorbringen und am Leben erhalten.

Die Konsequenz ist: Um Massen von Unterstützern in Bewegung zu setzen, müssen Sie an deren Emotionen appellieren – Sie haben keine andere Wahl. Versuchen Sie es also gar nicht erst mit einer intellektuell ausgefeilten Argumentation.

Um Ihre Botschaften entsprechend zu formulieren, ein paar Hinweise darauf, wie ein auf Gefühlen gebautes Weltbild sich strukturiert. Psycholinguistische Studien in einer Vielzahl von Sprachen haben gezeigt, dass wir immer dann, wenn wir Gefühle benennen oder sie ausdrücken, in drei Dimensionen Entweder-oder-Unterscheidungen vornehmen. Wir unterscheiden – bewusst oder unbewusst – zwischen *aktiv* und *passiv*, zwischen *stark* und *schwach* sowie zwischen *gut* und *böse* (bzw. *schlecht*). Um diese drei Bedeutungsdimensionen herum müssen Sie die von Ihnen propagierte Weltanschauung bzw. die von Ihnen erzählten Geschichten und deren Dramaturgie bauen, um mehrheitsfähig die Gefühle eines Großteils der Bevölkerung anheizen zu können.

Wer immer auf der politischen Bühne als Akteur auftritt – Sie selbst und Ihre Anhänger eingeschlossen –, kann in das Koordinatensystem, das durch diese drei Achsen gebildet wird, eingeordnet werden (wie in jedem guten Kriminalroman, Western oder Drama). Beginnen wir bei Ihnen, dem Helden, der sich anschickt, das Volk zu retten. Sie sind selbstverständlich durch folgende drei Eigenschaften zu charakterisieren: Sie sind *aktiv*, *stark* und *gut* – drei Merkmale, die jeden Helden auszeichnen –, denn Sie müssen ja *stark* und *aktiv* sein, um dem inneren und äußeren Feind, der *stark*, *aktiv* und *böse* ist, Widerstand leisten und den Sumpf der Unmoral und Inkompetenz, der das gegenwärtige politische System kennzeichnet, gegen »die da oben« oder »die Fremden«, die das verhindern wollen, trockenlegen zu können. Das Volk, zu dessen Anwalt Sie sich stilisiert haben, ist *gut* und *schwach*, weil es bislang viel zu lang *passiv* geblieben ist. Das werden Sie ändern. Sie werden das Volk *aktivieren*, auf die Straßen führen und mit ihm Barrikaden bauen (oder stürmen), damit es sich seiner wahren *Stärke* endlich bewusst wird.

Wenn Sie Ihr Weltbild öffentlich propagieren, sollten Sie darauf achten, dass es mit eindeutigen (!) Zuordnungen arbeitet und keine Ambivalenzen (!) zulässt; das heißt, es darf keine Akteure geben, bei denen nicht sonnenklar ist, dass sie zu den *Guten* oder den *Bösen* gehören; dasselbe gilt für die Bewertung von Handlungen: Auch sie sind entweder ganz zweifellos *gut* oder *schlecht*, da dürfen Sie keine Vieldeutigkeit oder Relativierung zulassen.

Wenn Sie Eindeutigkeit versprechen, so wird das von jedem, der im Konflikt zwischen Denken und Fühlen hin- und hergerissen ist, als Erlösung empfunden, weil er oder sie sich nicht mehr entscheiden muss zwischen den unterschiedlichen Seiten der bislang erlebten Ambivalenz. Das ist Ihr heimliches Versprechen: Erlösung! Was Sie verkünden, ist eine eindeutige Welt, in der keiner sich mehr mit Zweifeln plagen muss, was zu tun ist und ob er das Richtige tut oder lässt.

Wenn das aktuelle Fühlen das Handeln bestimmt, hat das den unschlagbaren Vorteil, dass die schädigende Wirkung des Denkens begrenzt wird. Denn erst das Denken führt dazu, dass man sein Fühlen infrage stellt und in innere Konflikte gestürzt wird, sich selbstquälerische Fragen stellt, Ambivalenzen erlebt, sich nicht entscheiden kann. Fühlen ist immer nur aktuell, es ereignet sich hier und jetzt. Erst das Denken, das sich erinnern kann und sich deshalb bewusst machen kann, dass sich der Blick auf die zur Wahl stehenden Optionen heute anders anfühlt als gestern und wahrscheinlich morgen, erzeugt innere Konflikte. Gibt man dem Fühlen die Priorität, wird man derartige Seelenqualen los: Willkommen in der Welt der Eindeutigkeit von *Gut* und *Böse*! Das muss das Ziel sein, das Sie langfristig anstreben.

Die Zuschreibung, dass Sie und Ihre Leute die *Guten, Aktiven* und *Starken* sind, muss implizit durch die Geschichten, die Sie erzählen und die über Sie erzählt werden, bestätigt werden (»Pro bonum contra malum!«). Das stärkt das unerschütterliche Vertrauen Ihrer Basis in Sie und untermauert die notwendige Spaltung der Gesellschaft in Volk und Volksfeinde: Wer könnte gegen die *Guten* aktiv werden, wenn er nicht selbst der *Böse* wäre?

All das werden Sie aber nur vollbringen können, wenn Sie dem Volk seine Minderwertigkeitsgefühle nehmen und ihm das Selbstwertgefühl als die eigentlich *Guten* vermitteln, die von einer *bösen* Minderheit misshandelt und um ihre Rechte gebracht werden.

Liebe und Hass sind aus politischer Sicht die wichtigsten Gefühle. Liebe ist es, was Bindungen zwischen Menschen schafft: Solidarität, Gemeinschaft, Opferbereitschaft, Fürsorge, gemeinsame Ziele, Zusammengehörigkeit, Freundschaft, Vaterlandsliebe – all dies ist Voraussetzung für kollektives Handeln. Hass dagegen kappt Bindungen. Er hilft, sich abzugrenzen, auf die eigenen Interessen zu achten, sich zu schützen, zu wehren gegen Feinde, aktiv zu werden, wo Passivität tödlich sein kann.

Doch Gefühle sind vergängliche Phänomene, vor allem wenn sie situationsbedingt sind wie Wut oder Angst. Man schläft eine Nacht, und die Wut ist verraucht. Angst kann manchmal etwas länger halten, aber auch sie wird vergessen, wenn sie nicht gepflegt wird. Machen Sie sich keine Illusionen: Eine der Hauptschwierigkeiten jeder auf Emotionen setzenden populistischen Strategie besteht darin, die Ihnen nützlichen Gefühle des Volks am Leben zu erhalten.

Liebe und Hass fallen – im Vergleich zu situationsgebundenen Gefühlen – insofern etwas aus dem Rahmen, da sie meist mit der Entwicklung einer längerfristigen, für die persönliche Identität einer Person essenziellen Gesinnung verbunden sind. Das gilt speziell für die Liebe zum Volk und den Hass auf die Eliten. Die emotional bedingte Haltung Ihrer Basis, wenn sie für Sie und Ihre Ziele positiv gestimmt ist, wird sich nicht wie ein aktuell ausgelöster Wutanfall über Nacht verändern. Aber trotzdem müssen Sie regelmäßig dafür sorgen, dass diese Gefühle nicht verflachen und vergessen werden. Wer erst einmal auf Ihrer Seite steht, wird sich – darauf können Sie setzen – selbst regelmäßig an diese Gefühle (und damit einen wichtigen Aspekt seiner persönlichen Identität) erinnern und sie auf diese Weise reanimieren. Er oder sie wird sie pflegen, wie der Besitzer eines Kleingartens seinen Rasen wässert: sorgfältig und zuverlässig, mindestens einmal in der Woche. Trotzdem dürfte das nicht reichen. Sie müssen dafür sorgen, dass die durch Gefühle genährte Einstellung immer wieder neue Nahrung erhält, das heißt, Sie brauchen Aufregung, Skandal, Empörung – nicht nur einmal, sondern immer wieder.

Auf der Klaviatur der Emotionen zu spielen und zum Virtuosen zu werden, ist, ehrlich gesagt, nicht so schwer, weil sie nur über relativ wenige Tasten verfügt. Daher sind die Möglichkeiten kompositorischer Variationen auch nur begrenzt. Es wird immer wieder dasselbe Stück gespielt. Der Vorteil der etwas schlichteren Harmonien und Rhythmen ist, dass jeder und jede den Eindruck hat, die Melodien, die er oder sie hört, könnten auch von ihm oder ihr selbst stammen, so vertraut sind sie, auch wenn er oder sie sich bislang noch nie getraut haben mag, sie richtig laut mitzusingen. Wenn Sie aber als *starker*, *aktiver* und *guter* Dirigent dazu ermutigen, dann trauen sich einfach ziemlich viele Leute, den Mund aufzumachen, die bislang als schweigende Mehrheit stumm geblieben sind …

11 Nutzen Sie Worte als Waffen! *(Die Suggestionen)*

Worte werden unterschätzt. Die meisten Leute denken, sie würden irgendwelche Dinge oder Sachverhalte bezeichnen, so wie Etiketten auf Flaschen geklebt werden. Das tun sie zum Teil auch tatsächlich oft; aber das ist eher eine Nebenwirkung, die mit dem Gebrauch von Worten verbunden sein kann (noch nicht einmal muss). In Wirklichkeit erzielt man mit ihnen magische Effekte. Sprechen hat eine Wirkung, neben der die Tricks von Zauberkünstlern verblassen, denn es spielt nicht nur mit Illusionen und Täuschungen, sondern es schafft (anders als Bühnenzauber) tatsächlich neue soziale Wirklichkeiten. Wenn vor dem Standesamt zwei Personen auf die Frage, ob sie sich gegenseitig zu Mann und/oder Frau nehmen wollen, mit »ja« antworten, so sind damit ihr Status und ihre Identität verändert. Das hat weitreichende Konsequenzen – von den Erwartungen der beiden an sich selbst und aneinander über die Erwartungen der Menschen in ihrer Umgebung an sie beide bis hin zu den veränderten Erwartungen des Finanzamtes an ihre Steuerzahlungen ...

Sprechen ist eine Form des Handelns. Worte können trösten und versöhnen, sie können aber auch verletzen oder kränken, Liebe und Hass erzeugen und ausdrücken. Man muss nicht seine Zähne benutzen, um bissig zu sein, und nicht seine Hände, um zu liebkosen, man kann es auch mit Worten.

In der öffentlichen Kommunikation sind es Worte und Sätze, geschriebene und gesprochene Texte, die über Sieg oder Niederlage einer Partei oder eines Kandidaten entscheiden.

Es werden mit lauter Stimme Reden auf Marktplätzen und in Versammlungen gehalten, im Fernsehen wird in Talkshows mit Worten gefochten und in den Sozialen Medien verbreiten sich Stürme von Worten, die ziemlich schlecht riechen würden, wenn die Möglichkeiten des Internets, sinnliche Wahrnehmungen zu vermitteln, nicht so jämmerlich wären.

Wenn Sie an die Spitze der politischen Hierarchie wollen, müssen Sie Sprache strategisch verwenden. Dazu sollten Sie einige Merkmale verbaler Kommunikation kennen, die Ihnen die handwerklichen Voraussetzungen dafür liefern.

Als Erstes müssen Sie sich bewusst machen, dass Sprache immer – selbst in der Mathematik und Logik – im Gebrauch von Metaphern besteht. Sie transportieren Bilder, die bei Ihren Zuhörern Assoziationen wecken, das heißt charakteristische Vorstellungen auslösen sowie typische Gefühle und Denkprozesse in Gang setzen. Diese psychischen Prozesse können Ihren Zielen nützlich oder hinderlich sein. Jedes Wort hat eine suggestive Wirkung, und diese Suggestionen können plump und offensichtlich oder subtil, elegant und verhüllt sein. Wenn Sie direkt, offen und unverblümt sagen, was Sie wirklich meinen, so zwingen Sie – ob Sie das wollen oder nicht – Ihre Zuhörer zur bewussten Entscheidung, Ihnen zuzustimmen oder Ihnen zu widersprechen. Wo laut »ja« gesagt wird, kann dann auch leise »nein« gesagt oder gedacht werden. Ganz anders ist die Situation, wenn Ihre Botschaften implizit sind und durch die sprachlichen Bilder, die sie verwenden, als Schmuggelgut transportiert werden. Diese versteckten Suggestionen treten nicht unmittelbar ins Bewusstsein Ihrer Zuhörer, sondern entfalten – wie erfahrene Hypnotiseure bestätigen können – unbewusst ihre nachhaltige Wirkung. Auf diese Weise können Sie elegant eventuelle Untiefen und Klippen Ihrer eigenen Argumentation umschiffen und einen Schiffbruch vermeiden. Das kritische Denken Ihrer Zuhörer, der Steuermann, schläft, und es hört keinen Weckruf. Keinem Ihrer Adressaten wird bewusst, mit welchen stillschweigenden Annahmen über die Welt Sie (unter der Hand) seine Weltanschauung, das heißt das Zeichnen seiner inneren Landkarte, lenken.

Sie müssen, das erübrigt sich fast zu erwähnen, Ihre Metaphorik so wählen, dass sie den von Ihnen erzählten Geschichten gerecht wird und das von Ihnen beschworene Freund-Feind-Weltbild unterstreicht. Dazu sollten Sie nicht nur den Fokus der Aufmerksamkeit auf die Ereignisse und Geschehnisse richten, die Ihre Behauptungen belegen, sondern darüber hinaus Erklärungen und Bewertungen suggerieren, die starke Emotionen wecken und entschlossenes Handeln *alternativlos* nahelegen.

Am Beispiel der sogenannten »Flüchtlingskrise« im Jahre 2015 (auch eine Metapher: Krise wird in der Medizin die Zeit bzw. der körperliche Zustand eines Kranken genannt, in dem sich entscheidet, ob die weitere Entwicklung in Richtung Tod oder Leben ihren Lauf nimmt) und der in den Jahren danach folgenden öffentlichen Diskussion lässt sich dies gut illustrieren.

Als die Grenzen nach Deutschland für die durch Europa irrenden Flüchtlinge aus den Kriegsgebieten Syriens geöffnet wurden, haben dies einige aufstrebende Politiker – ziemlich gekonnt (Respekt!) – als »Einladung« an diese Menschen charakterisiert. Einladungen werden normalerweise ausgesprochen, wenn man bereit ist, großzügig zu bewirten und man sich über netten Besuch freut (»Willkommenskultur«). Der Grund für die Aufnahme dieser durch Europa irrenden Menschen ist dann nicht die Notlage bei ihnen zu Hause, sondern die Motive für ihr Kommen liegen bei den

Einladenden. Es werden Fremde, Leute, die anders aussehen und anders denken und fühlen, ohne »uns« zu fragen »zu uns« nach Hause eingeladen, und bei Fremden weiß man halt nicht, was sie tun, wenn sie erst einmal da sind. Vor allem weiß man auch nicht, ob sie irgendwann wieder das Haus verlassen werden.

Etwas anders verhält es sich mit der impliziten Zuschreibung der Verantwortung für die Aufnahme von Flüchtlingen, wenn nicht von »Einladung«, sondern von »Asyltourismus« die Rede ist. Sie verschiebt sich vom Aufnehmenden, der einlädt, zu dem, der kommt, wenn nun metaphorisch die Logik von Vergnügungsreisen eingeführt wird. Sie entlastet emotional von der Verantwortung für notleidende Mitmenschen und legitimiert, wenn man nicht alle Touristen in »sein« Land lassen will.

Bedrohlicher wirkt und mit anderen Gefühlen ist es verbunden, wenn von der »Flüchtlingsflut« gesprochen wird. Erst waren es »Flüchtlingswellen«, diese wurden dann zu »Flüchtlingsströmen«, die schließlich zur »Flüchtlingsflut« anwuchsen, welche wiederum die Ausmaße eines »Flüchtlingstsunamis« annahm. Fluten stellen wie andere Naturkatastrophen den Einbruch einer unkontrollierbaren Macht in den ansonsten berechenbaren Alltag dar. Hinzu kommt, dass mit der Wassermetaphorik auch noch eine spezifische Dynamik suggeriert wird, ein Anschwellen der Fluten. Dies löst, wie jeder drohende Kontrollverlust, Angst aus (»Das Wasser ist so stark, dass selbst der stärkste Mann es nicht halten kann«). Fluten sind *stark, aktiv* und *böse,* und es ist schwer, sich gegen die mit ihnen verbundenen Gefahren zu wehren. Man muss – das ist die implizite Logik, aus der sich Handlungskonsequenzen ableiten – *aktiv* werden und »Dämme bauen« (*stark* und *passiv,* aber *gut*), um der Macht der Fluten etwas entgegensetzen zu können. Diese Dämme darf man nicht brechen lassen, denn sonst kommt es zur »Überflutung« des ganzen Landes und der »Untergang« droht allem, was uns lieb und teuer ist.

Ab nun bestimmt die Abgrenzungsmetaphorik die politische Diskussion, und keiner fragt mehr danach, ob es wirklich zu den beobachtbaren Phänomenen passt und ob die Wanderung von Millionen Menschen einer ähnlichen Kausalität folgt wie die Energieübertragung unter Wassermolekülen. Stillschweigend sind die einzelnen Personen, die den Weg nach Europa angetreten haben, entindividualisiert und entpersonalisiert, zu Tropfen im Meer geworden, die nicht voneinander unterschieden werden können, nicht zu zählen sind und nicht zählen. Daher braucht auch niemand seine Empathie und sein Mitgefühl an diese Tropfen zu verschwenden.

Beispielhaft und vorbildlich ist diese Flut-Metaphorik, weil sie die Botschaft, die Sie vermitteln wollen, indirekt transportiert. Die Flüchtlinge – jeder Einzelne und alle zusammen – sind stillschweigend als von außen kommende Macht identifiziert; und diejenigen, die im Inneren des Landes bereit sind, etwas für diese Menschen zu tun, sind als interne Feinde bloßgestellt, welche die Sicherheit aller durch das Öffnen der »Schleusentore« bedrohen. Sie müssen um des Gemeinwohls willen bekämpft werden, denn es sind Vaterlands- und Volksverräter.

Perfekt ist es, wenn Sie für Ihr Anliegen Metaphern finden, mit denen die Vorstellung von Bewegung, von einer bedrohlichen Änderung des Status quo verbunden ist. Das kann an den Beispielen »Flut« oder »Strom« ebenfalls ganz gut illustriert werden: Ein »Strom« kann anschwellen oder austrocknen, vom kleinen Bächlein zum mitreißenden Wildwasser werden, und Fluten können so sehr steigen, dass auch kein Damm sie mehr abwehren kann.

In jedem Bereich der öffentlichen Diskussion können Sie Metaphern finden, die zu einer Sie emotional unterstützenden Reaktion beim Publikum führen. Wenn, zum Beispiel, von einem »Atommüll-Endlager« die Rede ist, fühlt sich das ganz anders an, als wenn von einem »Entsorgungspark« gesprochen wird. Wer würde da nicht Assoziationen an Freizeitparks entwickeln, an Fahrgeschäfte, Zuckerwatte, Bier und gute Laune ...

Doch der kreative Gebrauch sprachlicher Bilder ist im Kampf um die Macht nicht die einzige Waffe (wieder eine Metapher), die sie nutzen müssen. Denn zuallererst geht es darum, möglichst große öffentliche Aufmerksamkeit zu gewinnen. Was würde die eleganteste Nutzung von Metaphern helfen, wenn keiner sie hört?

Brechen Sie Tabus! Zunächst sicherheitshalber erst mal durch Worte. Wenn Sie dies tun, dann bringen Sie etliche Fliegen mit einem Schlag zur Strecke, ja, Sie machen einen wichtigen Schritt, die Gesellschaft zu verändern, auch wenn Sie noch keine formale Macht besitzen oder ein Regierungsamt innehaben. Der erste Effekt ist natürlich, dass Sie Aufmerksamkeit gewinnen, wenn Sie öffentlich an- und aussprechen, was jeder sich normalerweise verbietet. Ein Tabu – ein unausgesprochenes Verbot, bestimmte Sachen zu sagen, Themen in die Diskussion zu bringen und Meinungen zu äußern – funktioniert ja nur, wenn jeder sich dessen Inhalts bewusst ist. Tabus sind daher in gewisser Weise paradoxe Handlungsaufforderungen: »Denke stets daran, dieses oder jenes nicht zu sagen oder zu tun, am besten nicht einmal zu denken!« Es stellt eine Einschränkung der Freiheit des Einzelnen dar, seine Sichtweise in die Kommunikation zu bringen; und die Überwachung und Kontrolle dieser freiheitsberaubenden Grenzen wird von jedem selbst erwartet.

Solche Tabus regulieren nicht nur das Reden oder Schweigen über bestimmte Themen, sondern auch das Denken. Sie schaffen Denkverbote. Das sollten Sie auf keinen Fall akzeptieren. Wenn Sie ein Tabu brechen, dann gewinnen Sie all die Leute, die schon lange darauf warten, dass ein Thema neu diskutiert werden darf – und Sie geben die Erlaubnis dazu. Sie stellen eine etablierte Norm infrage (zum Beispiel »Political Correctness«), wenn Sie das tun, und geben ein Beispiel, das viele Mitbürger, die bislang aus Furcht vor Ausgrenzung und Missachtung den Mund gehalten haben, ermutigt, nun auch ihre bislang nicht-gesellschaftsfähigen Gedanken ohne Scham zu äußern. Diese Schamhaftigkeit, die Angst vor der Moralkeule, ist es ja, die das Volk – die schweigende Mehrheit – daran hindert, seine Wünsche und Ziele unzensiert zu äußern. Durch Ihre Tabubrüche demonstrieren Sie, dass man keine Angst vor moralischer Verurteilung mehr haben muss, wenn man bislang als »unanständig« oder »nicht gesellschaftsfähig« bewertete Positionen vertritt. Endlich frei und ungeniert denken und sprechen zu dürfen, das ist die revolutionäre Vision, die Sie durch Ihre Tabubrüche verkörpern. Und Ihr Beispiel dürfte Schule machen. Ein Akt der Befreiung für alle, die sich bislang gezwungen fühlten, aus ihrem Herzen eine Mördergrube zu machen.

Tabubrüche haben auf sprachlicher Ebene schon eine gute Wirkung, aber auf der Handlungsebene ist dieser Effekt noch viel größer. Sie können, wenn Sie unerwartete, gegen den Moralkodex verstoßende Verhaltensweisen zeigen, Veränderungen der Spielregeln des öffentlichen Lebens und der Kultur einleiten, die Sie nie und nimmer durch irgendwelche mühsam durch ein Parlament geprügelten Gesetzesänderungen zustande bringen könnten. Ein gutes Beispiel dafür, dass man nicht unbedingt gewählter Repräsentant des Volks sein muss, um gesellschaftliche Innovationen voranzutreiben.

Sie kennen vielleicht die Geschichte von dem Frosch, den man in einen Topf mit kochendem Wasser wirft. Er schwimmt in panischem Schrecken an den Rand und springt heraus. Wenn man ihn hingegen in kaltes Wasser setzt und langsam die Temperatur erhöht, bis es kocht, so wird er das nicht überleben, sondern zerkocht. Die Erklärung ist einfach: Die langsame Temperaturerhöhung ist jeweils so minimal, dass der Frosch die Unterschiede nicht wahrnimmt – im Gegensatz zum bereits kochenden Wasser.

Das in dieser kleinen Geschichte illustrierte Prinzip können Sie sich durch kontinuierliche Tabuverletzungen zunutze machen. Die Normen dessen, was man aussprechen kann und darf, werden langsam aber sicher aufgelöst, wenn Sie die Grenzen des Unsagbaren Tag für Tag minimal verschieben.

Dass bzw. wie Ihnen das gelingen kann, ist leicht zu erklären. Soziale Spielregeln, also auch die der Moral und der vermeintlich »guten Sitten« – im Prinzip alle kulturellen Regeln –, werden dadurch aufrechterhalten und von Generation zu Generation weitergegeben, dass die Mitglieder eines kulturellen Systems (sei es einer Nation, einer Religionsgemeinschaft, eines Unternehmens oder einer Familie) sich tatsächlich, ohne sie zu hinterfragen, diesen Regeln entsprechend verhalten. Die Einhaltung der meisten dieser Regeln kann nicht gerichtlich eingeklagt werden. Die Gerichte wären sicher überfordert, wenn jeder, der nicht richtig mit Messer und Gabel isst, vor einen Richter gezerrt werden könnte. Die Sanktionsmöglichkeit für Regelverstöße besteht in einer für den Betreffenden unangenehmen Reaktion seiner Mitmenschen. Sie zeigen ihr Missfallen, im Extremfall ihre Verachtung. In der Familie sind dies die kritisch in Falten gelegte Stirn und die hochgezogenen Augenbrauen oder unwirschen Worte der Eltern, Geschwister und Nachbarn, im Job der Kollegen usw. Auf eine Formel gebracht: Kulturelle Spielregeln werden dadurch aufrechterhalten, dass Erwartungen kommuniziert und auf deren Enttäuschung reagiert wird. Das kann sehr direkt und verbal geschehen (»Das macht man nicht!«) oder indirekt und nonverbal (die Nase wird gerümpft o. Ä.).

Tabus werden eingehalten, weil direkt oder indirekt mitgeteilt wird, man könne ihre Einhaltung erwarten. Wer gegen sie verstößt, hat mit sozialen Konsequenzen zu rechnen.

Die Konsequenz ist: Wer die Verfügungsgewalt über die Erwartungen an das Handeln und den Sprachgebrauch seiner Mitmenschen besitzt, hat die Macht über sie. Die Forderung nach »politisch korrektem« Verhalten und die sprachpolizeiliche Forderung, jeden Text »durchzugendern«, sind, zum Beispiel, klassische Fälle, wo von einer Interessengruppe versucht wird, Macht über die Anstandsregeln der Gesellschaft zu übernehmen. Und das Machtmittel, das sie dabei verwendet, ist die Überwachung der Einhaltung der von ihr bestimmten Moral.

Verstöße gegen moralische Normen werden generell dadurch bestraft, dass der Missetäter geächtet wird. Im Mittelalter wurde die Acht als formale Strafe ausgesprochen, heute geschieht dies informell durch das öffentliche Zeigen von Verachtung und den faktischen Ausschluss derer, die erkennbar unmoralisch handeln oder gehandelt haben, aus der Gemeinschaft der ehrenwerten Leute (zum Beispiel durch die formale Aberkennung der »bürgerlichen Ehrenrechte«).

Solch ein Machtanspruch, der sich auf eine willkürlich festgelegte Moral stützt, darf von Ihnen nicht akzeptiert und toleriert werden – es sei denn, es ist eine von Ihnen definierte Moral. Diejenigen, die unter Berufung auf eine andere Moral gegen Sie arbeiten, sind Ihre natürlichen Feinde, denn deren Machtanspruch konkurriert mit Ihrem Machtanspruch. Wenn Sie sich deren Normen unterwerfen, unterwerfen Sie sich einer vermeintlich höheren Macht, was Sie nie tun sollten (Ausnahme: Gott – aber der schadet Ihnen nicht, weil er sich im Laufe der Geschichte nie in die alltäglichen politischen Auseinandersetzungen eingemischt hat und nicht zu erwarten ist, dass er diese vornehme Zurückhaltung in Zukunft aufgeben wird).

Wenn Sie durch Ihr Verhalten moralische Tabus verletzen und sich nicht um die öffentlich kommunizierte Abscheu scheren, so können Sie – wie schon im Bereich des gesprochenen und gedachten Wortes – ein Beispiel setzen, dem andere folgen. Moralische Regeln, die nicht mehr durchgehend befolgt werden, verlieren ihren Charakter als Norm. Tabus, die nicht mehr selbstverständlich befolgt werden, sind keine Tabus mehr. Verbote und Gebote verlieren ihre Verbindlichkeit, der Frosch ist gekocht, der Spielraum individuellen Handelns erweitert, niemand kann mehr ein die Konventionen respektierendes Verhalten seiner Mitmenschen sicher erwarten. Der Möglichkeitsraum des Handelns ist erweitert, und gleichzeitig steigt die allgemeine Verunsicherung, womit denn im alltäglichen Umgang mit seinen Mitmenschen zu rechnen ist, wenn auf die Einhaltung von Normen nicht mehr vertraut werden kann ...

Die alte Moral hat wie eine Zwangsjacke gewirkt. Sie gewann ihre einengende Starrheit aus der Furcht vor den Sanktionen für den Verstoß gegen sie. Denn es ist ja nicht nur das momentane Naserümpfen anderer Leute, das man aushalten muss, wenn man sich »schlecht« oder »unanständig« benimmt, sondern es droht die Ausgrenzung aus der Gemeinschaft. Wer die moralischen Regeln achtet, wird geachtet. Wer sie missachtet, wird verachtet.

Dass gegen diese Regeln alltäglich von unendlich vielen Menschen – wahrscheinlich von allen – verstoßen wird, hat nur deswegen keine diese Regeln infrage stellende Wirkung, weil alle es heimlich tun.

Es ist die Doppelmoral der links-grünen Gutmenschen, der umweltschonenden, abgasfreien, pazifistischen Spießbürger, die dafür sorgt, dass die Erwartungen an politisch korrektes Verhalten in den letzten Jahrzehnten zur schier unerträglichen Folter aller normalen Menschen geworden ist, die fürchten müssen, mit der Moralkeule geschlagen zu werden, wenn sie das tun, was eigentlich ihr gutes Recht ist: sich um sich selbst an erster Stelle zu kümmern.

Hier müssen Sie Ihr Beispiel entgegensetzen. Die Moralprediger sind der innere Feind, der nun schon seit Jahren mit seiner Scheinheiligkeit die Spielregeln gesellschaftlicher Anerkennung bestimmt. Kämpfen Sie offensiv gegen alle Ansprüche der »Political Correctness«, gegen eine gegenderte Sprache, gegen Quotenregelungen, die Minderheiten und Frauen auf verantwortungsvolle Posten hieven, und ähnlichen Unsinn! Nur wenn die Brüchigkeit dieser Moral offengelegt wird, kann die Gesellschaft sich ändern. Suchen Sie sich Ihre Mitstreiter nach deren Qualität aus, nicht nach dem Geschlecht; das heißt auch, dass Leute fremder Rassen und Religionen in Ihrem Kreis nichts zu suchen haben, denn »Leistung muss wieder zählen«!

Ihr bewusst abweichendes Verhalten, bei dem Sie sich nicht um die Konventionen spießerischer Anständigkeit kümmern sollten, betrifft vor allem den persönlichen Umgang mit Ihren politischen Gegnern. Mag es in kleinbürgerlich-parlamentarischen Kreisen bislang üblich gewesen sein, sich gegenseitig mit Respekt zu behandeln, auch wenn man auf der Sachebene im Konflikt steht, so können Sie mit diesem konventionellen Quatsch aufhören. Erweisen Sie den Vertretern des politischen Feindes »die Ehre«, von Ihnen explizit beschimpft und verunglimpft zu werden. Personalisieren Sie die (»bösen«) gegnerischen politische Positionen und erklären Sie deren Repräsentanten für »böse« oder »dumm« (= »schlecht«). Trennen Sie nicht zwischen der Sache und der Person. Hauen Sie – wie der Volksmund sagt – den Esel, auch wenn Sie den Sack meinen (ob Sie den Esel näher kennen oder nicht, Freunde können sie sowieso nicht werden).

Vor der Machtübernahme, wenn Sie noch der gesellschaftliche Außenseiter sind, beleidigen Sie die Mitglieder der Elite auf ganz persönliche Weise so gut und so viel Sie können. Stellen Sie deren Reputation infrage, ihre fachliche Kompetenz, vor allem aber ihre moralische Integrität. Überschreiten Sie die Grenzen des guten Geschmacks, nutzen Sie Ihre Empathie, um die psychologischen Schwachpunkte Ihrer Gegner herauszufinden, und formulieren Sie dann so, dass die sich persönlich durch Ihre Worte getroffen fühlen. Verletzen und kränken Sie! Wenn Sie das massiv genug tun, besteht die große Chance, dass die so Herausgeforderten ebenfalls klotzen und zurückschießen, und, wenn Sie Glück haben, dies auch in einer Weise tun, die den gutbürgerlichen Konventionen widerspricht. Nun haben Sie erreicht, worum es ja eigentlich geht: Der oder die Betroffene und Sie sind auf Augenhöhe! Vorbei ist die Asymmetrie der Oben-unten-Beziehung, Sie stehen sich nun Mann (oder Frau) gegen Mann (oder Frau), eins zu eins, Auge in Auge, kriegerisch kämpfend gegenüber.

Die vielen Leute, die sich mit Ihnen identifizieren, weil sie schon lange der Meinung sind, dass man »die da oben« nicht unbehelligt lassen darf, können nun ebenfalls die Genugtuung genießen, dass einer von denen (für alle) auf ihrer Ebene angekommen ist. Denn es ist für die Symmetrie der Beziehung egal, ob Sie zu »denen da oben« aufgestiegen sind oder »die da oben« zu Ihnen heruntergezogen wurden.

Allerdings sollten Sie wissen, wenn Sie die Konventionen kleinbürgerlichen Verhaltens und der »Political Correctness« missachten, dann wird das wahrscheinlich von der Mainstream-Presse als »Ende der Zivilisation« beklagt werden. Aber Sie muss das nicht beunruhigen: Die Abstimmung mit den Füßen wird viele Leute, die all das, was Sie tun und sagen, auch schon immer tun wollten, zu Ihrer Bewegung dazustoßen lassen.

12 Mobilisieren Sie Massen und halten Sie sie in Bewegung! *(Der Mob)*

Eine Masse ist ein seltsames Biest. In früheren Zeiten konnte es nur selten beobachtet werden, doch seit es die – nicht zufällig so genannten – Massenmedien wie Radio, Fernsehen, das Internet gibt, hat sich das geändert. Um zu verdeutlichen, was die Charakteristika einer (nicht *der*!) Masse sind, mag es hilfreich sein, *die* Masse (das heißt als Idealtypus einer spezifischen Form sozialer Einheit) mit *der* Organisation (ebenfalls als Idealtypus) zu vergleichen.

Die Qualität einer Organisation besteht darin, dass es durch die in ihr herrschenden Spielregeln der Kommunikation gelingt, Hunderte, Tausende, ja, Hunderttausende autonom handelnder Menschen in ihrem Verhalten hinreichend gut zu koordinieren, dass kollektiv Aufgaben erledigt werden, die keiner der Beteiligten allein hätte bewältigen können. Dazu ist es nötig, dass die *unterschiedlichen* Mitglieder *unterschiedliche* Teilaufgaben erfüllen, teils in direkter Abstimmung mit anderen, teils selbstgesteuert und autonom. Ohne hier näher auf organisationstheoretische Modelle eingehen zu können oder zu müssen, kann formelhaft festgestellt werden, dass die *Rationalität* der Organisation daraus resultiert, dass eine Vielzahl von Menschen, die jeweils ein *unterschiedliches* (!) Verhalten realisieren, ihr Verhalten koordinieren.

Auch in der Masse koordiniert eine Vielzahl von Menschen ihr Verhalten, auch hier können es Hundert, Tausende, Hunderttausende, ja, sogar Millionen autonomer Menschen sein. Aber – und das ist der gravierende Unterschied zur Organisation – diese vielen Menschen zeigen *dasselbe* (!) Verhalten. Das heißt, eine Masse verhält sich im Prinzip wie ein einzelnes Individuum, nur dass dieses Verhalten *multipliziert* ist, das heißt, ganz viele Menschen tun dies koordiniert (zum Beispiel alle rennen in die gleiche Richtung, alle jubeln, alle verkaufen ihre Aktien usw.).

Massen entstehen nur unter charakteristischen Bedingungen, die relativ unwahrscheinlich sind und sich nur selten spontan und ungeplant ergeben. Ein einfaches Beispiel für die Merkmale von Massen lässt sich bei einem vollbesetzten Stadion während eines Fußballspiels beobachten. Schalke 04 spielt gegen Borussia Dortmund. Vor Spielbeginn bildet das Publikum eine einheitliche Masse, wenn bei der La-Ola-Welle alle gemeinsam ihr Verhalten koordinieren: Jeder Zuschauer beobachtet seine Nachbarn und fügt sich in die gemeinsam kreierte Wellenbewegung ein, die dadurch entsteht, dass jeder – kurz nach seinem Nachbarn – aufsteht, die Arme erhebt und sich wieder hinsetzt. Das ist ein selbstorganisiertes Zusammenspiel der Vielen, wie es auch Schwärme zeigen (aber auf diese Weise sind keine komplexen Kooperationsprozesse zu organisieren, wie sie nötig sind, um beispielsweise eine Rakete zu bauen). Wenn dann das Spiel beginnt und beide Mannschaften gut genug spielen, um für Spannung zu sorgen, spaltet sich die La-Ola-Masse in zwei gegeneinander abgegrenzte Blöcke, das heißt zwei Massen, die ein unterschiedliches Verhalten zeigen. Immer wenn es die Schalke-Fans kollektiv nicht mehr auf den Sitzen hält und sie jubeln, werden die Borussia-Fans merkwürdig still und schweigsam. Und wenn dann Borussia das Führungstor schießt (es könnte auch umgekehrt sein, deswegen die

Spannung), reißen die Borussen-Fans die Arme in die Höhe und beginnen mit ihren Triumphgesängen: ein Chor von zig Tausend Sängern, die keines Dirigenten bedürfen ...

Die Bedingungen, die nötig sind, um solche Massenprozesse hervorzurufen, sind im normalen gesellschaftlichen Alltag nur selten gegeben und meist an spezielle Orte der Inszenierung wie ein Stadion, ein Theater, eine Kirche, eine Moschee oder einen anderen Tempel gebunden. An diesen Orten wird schon durch die Bauweise sichergestellt, dass sich die Aufmerksamkeit der Zuschauer auf denselben Fokus richtet. Die Ausrichtung der Sitze im Stadion oder im Theater, ebenso die Bänke in der Kirche lenken den Blick des Publikums auf das Spielfeld, die Bühne, den Altar, das heißt auf den Ort des dadurch bereits unverkennbar als wichtig herausgehobenen Geschehens. Wenn alle Beobachter auf dasselbe schauen, dann besteht eine gewisse Wahrscheinlichkeit, dass sie dieselben Ereignisse sehen können. Und wenn das Geschehen dort für die Zuschauer faszinierend genug und mit charakteristischen Emotionen verbunden ist, dann erlebt die Menge der Zuschauer auch *dieselben* oder *ähnliche Gefühle*.

Damit ist der erste – und wesentliche – Schritt zur Entstehung einer Masse vollzogen. Denn der Weg vom Fühlen zum Handeln – vom limbischen System zur Muskulatur – ist nur kurz. Wie bei einem Tunnel durch die Alpen kann der beschwerliche Auf- und Abstieg über das Großhirn mit seinen Serpentinen und Kehren abgekürzt werden, sodass die Bedingung für schnelles und kollektives Handeln gegeben ist. Die beteiligten Individuen fühlen Ähnliches, und wenn sie gefühlsgesteuert – instinktiv und ihren Impulsen folgend – handeln, dann kommt es dazu, dass alle *dasselbe* tun: Sie singen zum Beispiel: »Oh, wie ist das schön!«, oder sie lynchen einen vermeintlichen Vergewaltiger. Zu letzterer Aktion braucht man zwar kein Stadion, aber eine wirkmächtige Inszenierung ist nötig, denn auf die *Gleichschaltung der Aufmerksamkeit* kann nicht verzichtet werden – was offenbar auch ohne Bühne oder Altar gelingen kann.

Individualpsychologisch liegt der Reiz, sich in Massen zu begeben, sei es im Stadion, der Kirche oder bei einer Demonstration, im ozeanischen Erlebnis, die eigenen Grenzen in einer größeren Einheit aufzulösen (wie beim Baden in körperwarmem Wasser). Man wird erlebbar Teil von etwas Größerem, als man selbst es ist. Das ist faszinierend und erschreckend, anziehend und abstoßend zugleich, denn man agiert mit, hat aber keine Kontrolle über das Geschehen und daher (scheinbar) auch keine Verantwortung für das, was kollektiv getan wird. Es gibt wohl keinen Ort und keine Zeit, wo man Zugehörigkeit stärker und beeindruckender erleben kann als beim Mitschwimmen in einer erregten Masse ...

Spontan entstehen solche Massen meist als Panik, etwa wenn sowieso schon viele Menschen am selben Ort versammelt sind – bei der Love-Parade, in einer Diskothek, auf einer Partymeile nach einer gewonnenen Meisterschaft o. Ä. – und plötzlich und unerwartet Gefahr droht. Dann versuchen alle, individuell die Flucht zu ergreifen, alle streben in Richtung Ausgang, es wird eng, einige Personen fallen hin, werden totgetrampelt ... eine Stampede, wie bei einer in Panik flüchtenden Rinderherde, wie bei einem Börsencrash, wenn alle versuchen, die letzten Reste ihres Vermögens zu retten ...

Im Gegensatz zu Organisationen können Massen nicht als intelligente Formen sozialer Ordnung betrachtet werden. Um es klar zu sagen: Von Schwarmintelligenz kann nicht die Rede sein (außer wenn man bei »Wer wird Millionär?« die Publikumsfrage stellt – aber dabei geht es nicht um Intelligenz, sondern um verteiltes Wissen); ganz im Gegenteil, Massen sind strohdoof. Aber – aber, aber – das ist genau der Grund, warum Sie die Dynamik der Massenbildung bewusst und gezielt für Ihre Zwecke nutzen müssen.

Seien Sie sich darüber im Klaren: Massenbildung ist die Grundlage jeder populistischen Strategie, und ohne sie kann keine populistische Bewegung erfolgreich sein. Denn das Volk gewinnt nur als Masse konkret handelnd Realität.

Also müssen Sie und Ihre Mannschaft die Herstellung von Massen planen und organisieren, wie das früher bei Reichsparteitagen geschehen ist und auch heute noch bei Kirchen- oder Parteitagen ganz gut gelingt.

An erster Stelle – etwas bieder, aber trotzdem nicht zu vernachlässigen – sind Versammlungen auf Marktplätzen und Reden zum Volk zu nennen. Sie stellen einen guten Trainingsgrund dar, wo Sie live und unmittelbar erleben können, welche Formulierungen, Argumente, Gags die beste Resonanz bei Ihrem Auditorium finden. Das Bad in der Menge hat, nebenbei bemerkt, immer auch die Funktion eines Jungbrunnens. Sie sollten es sich ab und zu gönnen, damit Sie nicht vergessen, wozu Sie sich all die Mühe machen; vor allem aber, wenn Sie einen der (hoffentlich nur seltenen) Anfälle von Selbstzweifel haben sollten, die sich auf Dauer wohl kaum total vermeiden lassen.

Solche Auftritte haben schon im alten Rom die Macht der Volkstribune bestimmt, und amerikanische Präsidentschaftskandidaten haben ebenfalls gute Erfahrungen damit gemacht, in voll besetzten Stadien ihre Reden zu halten. Das alte Rom war allerdings ein kleines Kaff, in dem durch eine gute öffentliche Performance tatsächlich ein großer Teil der politisch entscheidenden Bevölkerung erreichbar war – und wer nicht dabei war, hörte per Flüsterpropaganda davon.

Heute ersetzt das Fernsehen die Live-Propaganda, und es hat eine weit größere massebildende Wirkung als sie jede Mund-zu-Mund-Agitation haben könnte. Es ist paradox: Sie können Hunderttausende, ja, Millionen von Zuschauern oder Zuhörern gleichzeitig dazu bringen, ihre Aufmerksamkeit auf Sie und Ihre Worte zu richten, und trotz dieses Gießkanneneffekts fesseln Sie im optimalen Fall jeden Zuhörer oder Zuschauer einzeln und ziehen ihn oder sie in Ihren persönlichen Bann. Auch wenn diese Beziehung ein wenig einseitig erscheint, so eröffnet sie Ihnen große Einflussmöglichkeiten. Sie werden, wenn Sie es gut genug anstellen, so etwas wie der Fixstern, um den Myriaden von Sternen und Sternchen kreisen, die sich emotional an Sie binden.

Als es nur ein oder zwei Fernsehprogramme in Deutschland gab – lange her –, war die Chance, möglichst viele Menschen gleichzeitig zu erreichen, natürlich erheblich größer als heute, wo die Sendervielfalt zur Zersplitterung des Publikums führt. Aber was die affektive Gleichschaltung und die damit verbundene kollektive Handlungsbereitschaft betrifft, ist es im Prinzip nicht nötig, dass alle Adressaten Ihre Botschaften gleichzeitig erhalten. Falls deren Effekt den Augenblick überdauert und längerfristig haften bleibt, ist es kein Problem, wenn jeder sich zu anderer Zeit im Internet, per Stream oder Podcast, als Tweet oder auf Facebook, Instagram, Whats App, WeChat oder auf welch beliebiger Plattform ihr Video reinzieht. Der Altar oder die Bühne ist durch den Hashtag ersetzt, die Aufmerksamkeit aller ist auf Sie gerichtet.

Auch wenn Sie jede Gelegenheit nutzen sollten, die Ihnen die Mainstream-Medien bieten, sich und Ihre Positionen zu präsentieren, dürfen Sie sich nicht auf die Seriosität vortäuschende, etablierte Presse verlassen, da Sie sich sonst von ihr abhängig machen. Früher, als Rundfunk, Fernsehen und Zeitungen noch das Monopol über der Verbreitung von Nachrichten hatten, konnte man ihnen und ihrer bornierten Willkür bei der Auswahl von Nachrichten – dem Aufblasen der Bedeutung mancher Ereignisse bzw. ihrer totalen Verheimlichung – nicht entkommen. Heute ist das anders, da die sozialen Medien die Produktion und Verteilung von Informationen demokratisiert haben. Wenn es Ihnen gelingt, Tausende oder gar Millionen von Followern zu gewinnen, dann brauchen Sie keinen Mainstream-Journalisten in irgendwelche Körperöffnungen zu kriechen (soll heißen: Sie brauchen nicht deren Ohr): Sie übernehmen es selbst, Ihre Gemeinde zu informieren. Mit der suggestiven Sprache, den sorgfältig gewählten Metaphern und erzählten Geschichten steuern Sie diese *virtuelle Masse*. Sie ist zwar nicht ständig auf irgendeinem Marktplatz versammelt, aber sie steht Gewehr bei Fuß und kann jederzeit von Ihnen aktiviert werden. Spätestens bei der nächsten Wahl können Sie deren Ungeduld zu handeln anzapfen und sie geschlossen zu den Wahlurnen führen.

Die Fortschritte der »Künstlichen Intelligenz« mit ihren hoch entwickelten Algorithmen ermöglichen es Ihnen sogar, die persönliche Beziehung zu jedem einzelnen Mitglied dieser virtuellen Masse in einer bis dato ungeahnten Weise zu kultivieren: Sie können jedem die für ihn und sein Weltbild, sein Wertesystem, maßgeschneiderten Botschaften senden lassen. Und sie müssen das gar nicht selbst tun, denn all dies kann inzwischen automatisiert von Bots, von virtuellen Mitbürgern und Fake Fans vollzogen werden ...

Massen am Leben zu erhalten ist ein handwerkliches Problem, weil die Gefühle, die zu ihrer Bildung nötig sind, nur kurzlebig sind. Wut, Angst, Panik u. Ä. vergehen, wenn sie nicht immer wieder aufgefrischt und reanimiert werden. Wie bei einem Kaminfeuer, das erlischt, wenn nicht ab und zu ein Holzscheit nachgelegt wird, müssen Sie dafür sorgen, dass die für Ihre Zwecke instrumentalisierbaren Gefühle nicht erlöschen.

Sie müssen – leicht zu realisieren durch die neuen Medien – ständig Munition im Kampf gegen den Feind liefern, damit Ihre Anhänger nie denken, es herrsche kein Grund zur Sorge und sie könnten ruhig schlafen; sie müssen emotional nachladen, das heißt ohne Unterlass, am besten täglich, neue, aufwühlende Botschaften an Ihre Anhänger senden, Tweet auf Tweet, tagein, tagaus. Andernfalls verlieren Sie deren Aufmerksamkeit, und die Integration der Vielen, die kollektives Handeln ermöglicht, ist Vergangenheit. Aus der machtvollen Masse ist wieder eine jämmerliche Menge von Individuen geworden, die frustriert vor sich hin meckern, statt gemeinsam die Welt aus den Angeln zu heben.

Um sich selbst und der breiteren Öffentlichkeit die Handlungsfähigkeit Ihrer Unterstützer zu beweisen, sollten Sie ab und zu – Gelegenheiten finden sich zu Hauf – eine spontane Demonstration der Unzufriedenen auf die Beine stellen. Die *Organisation der Spontaneität* funktioniert ebenfalls am einfachsten per Smartphone. Ein Flashmob hier, die Besetzung eines öffentlichen Gebäudes dort, eine Demonstration von zig Tausenden, zu der die Protestierenden aus allen Teilen des Landes anreisen, an einem dritten Ort.

Sie können auch mit der Anwendung von Gewalt spielen: Wenn gelegentlich ein Flüchtlingsheim oder ein Polizeirevier brennt, ein paar Luxuslimousinen abgefackelt werden, Scheiben von Läden zersplittern und Flachbildschirme weggeschleppt werden, so schafft das die nötige Aufmerksamkeit und Spannung und das unbehagliche Gefühl einer gesellschaftlichen Dauerkrise, die Ihre Leute bei der Stange hält. Veränderung liegt in der Luft, und man riecht es, aufgrund der lodernden Flammen.

Aber Gewalt ist nicht das Mittel, mit dessen Hilfe Sie die Macht übernehmen können, machen Sie sich da keine Illusionen. Das funktioniert heute bestenfalls noch in einer Bananenrepublik, nicht aber in einem der modernen westlichen Länder. Denn wenn die Gewalt auf den Straßen überhandnimmt, wird die Staatsmacht aktiv einschreiten, sich auf ihr Gewaltmonopol berufen und allen Widerstand mit ihrer überlegenen Bewaffnung niederknüppeln. Nicht einmal in Frankreich, wo immer noch die nostalgische Erinnerung an die Glorie der Französischen Revolution als kulturelles Erbe die Hoffnung auf einen gewaltsamen Umsturz am Leben erhält, funktioniert das heute noch. Am Ende weinen alle, nicht nur wegen der eingesetzten Mengen an Tränengas.

Sie sollten also auf keinen Fall das Gewaltmonopol des Staats infrage stellen. Schließlich wollen Sie, wenn Sie erst einmal an die Spitze des Staates gelangt sind, die staatliche Gewalt ja selbst nutzen, um Ihre Macht zu sichern. Deswegen können Sie damit zufrieden sein, wenn gelegentliche Ausbrüche von Gewalt die allgemeine Unsicherheit erhöhen und den Ruf nach dem »starken Mann« (= Ihnen) provozieren, aber Sie sollten nicht ernsthaft auf Gewalt als Erfolgsmodell setzen. Sie kann erfahrungsgemäß nicht gesteuert werden, das heißt, Sie würden mit großer Wahrscheinlichkeit die Kontrolle über das Geschehen verlieren und – wie es der Teufel will – von dem durch Sie geweckten Biest vertilgt werden. Ihre Strategie muss lauten: Ich komme mithilfe und unter Anerkennung der formalen Regeln des demokratischen Staates an die Macht und benutze diese Regeln dann, um sie in einer Weise zu verändern, dass meine Macht dauerhaft gesichert wird.

13 Lassen Sie sich als charismatischer Held feiern!

(Der Personenkult)

Sie sind der »starke Mann«, der Ordnung schaffen wird. Das ist Ihr Versprechen. Und das ist die Hoffnung des Volks, das die Dauerkrise und das Chaos leid ist. Also lassen Sie sich nicht durch eventuelle Anfälle falscher Bescheidenheit in Ihrem entschiedenen öffentlichen Auftreten verunsichern (privat könnten Sie im Prinzip auch Ihre »weichen« Seiten zeigen, aber das ist nicht ohne Risiko: Es könnte weitererzählt werden, und Sie könnten an sich selbst zweifeln, wenn Sie es zu oft zulassen; heben Sie sich solche Anwandlungen für Momente auf, wenn Sie öffentlich Babys küssen müssen; auch als Frau haben Sie daher kaum eine Chance, die Rolle als »starker Mann« zu übernehmen; Helden sind – außer in Frankreich vielleicht – nun mal Männer; starke Frauen werden als Heilige disqualifiziert).

Um den Ruf nach dem »starken Mann« in der Bevölkerung wachzurufen, bedarf sie einer spezifischen Gemütslage, die zwar gelegentlich spontan und selbstorganisiert entsteht, aber strategisch von Ihnen gefördert werden sollte – andernfalls müssten Sie auf den richtigen Zeitpunkt warten, und es könnte sein, dass er ohne Ihre Beihilfe nie kommt.

Der Ruf nach jemandem, der endlich durchgreift, entsteht in der Bevölkerung meist dann, wenn die aktuelle Situation als chaotisch, unübersichtlich, verwirrend und außer Kontrolle erlebt wird. Ihr Ziel muss es daher sein, Verunsicherung zu stiften, sodass dieses Gefühl des Kontroll- und Ordnungsverlustes sich wie eine Infektion epidemisch ausbreiten kann.

Dazu muss es der Bevölkerung nicht tatsächlich und objektiv schlecht gehen. Es reicht, wenn die Selbstbeschreibung der Gesellschaft dies suggeriert. Und dazu können Sie Ihren Teil beitragen, indem Sie auf die Kraft selbsterfüllender Prophezeiungen setzen. Wenn Sie, zum Beispiel, vor Unruhen in der Bevölkerung warnen, das Schreckensbild unmittelbar drohender gewalttätiger Massen auf den Straßen malen, so ist dies eine elegante Methode, um die Idee, massenhaft auf die Straße zu gehen und mit Steinen zu werfen, breit zu streuen. Wenn Sie dazu auch noch die Unterstützung im Internet durch Bots oder Trolle organisieren, so sollte es klappen, ein allgemeines Gefühl der Krise des politischen Systems und der Hilflosigkeit seiner Vertreter zu fördern.

In Krisensituationen ist das Vertrauen in politische Programme im Allgemeinen nur sehr gering (schließlich gäbe es keine Krise, wenn die etablierten Institutionen funktionieren würden bzw. die Eliten nicht versagen würden). Immer wieder wird dem Wahlvolk aufs Neue verkündet, dass alles besser würde; aber alle Versprechungen der Eliten sehen nur auf dem Papier großartig aus und werden nie realisiert: abstrakte Worthülsen, die keine Substanz haben. Das Vertrauen in die gesetzlich geregelten politischen Entscheidungsverfahren und die Qualität der so getroffenen Entscheidungen nähert sich dem Nullpunkt: Alle Welt weiß ja, dass die korrupten Seilschaften »der da oben« in Hinterzimmern immer nur das auskungeln, was ihnen selbst am meisten nützt.

Wenn das Vertrauen in gesetzliche Verfahren, in das Rechtssystem und die politischen Institutionen, in all die hochgelobten demokratischen Prinzipien schwindet, bleiben konkrete Personen die letzte Hoffnung auf Rettung in der Krise. Sie haben – im wahrsten Sinne des Wortes – Substanz. Man kann sie anfassen, sie sehen und hören, Sympathie oder Antipathie gegen sie entwickeln, sich von ihnen verstanden fühlen und daran glauben, dass sie das Richtige für jeden Einzelnen wie das Land insgesamt tun werden. Die Welt ist hoch komplex und für den Mann oder die Frau auf der Straße in der spaghettiartigen Verwicklung von sachlichen und sozialen Wechselbeziehungen nicht durchschaubar. Wie sollen sie die Sinnhaftigkeit politischer Programme und Maßnahmen beurteilen können? Wie können sie entscheiden, welcher Partei und welcher politischen Gruppierung sie vertrauen und ihre Stimme geben? Und dennoch sollen, müssen, wollen sie ihre Wahl treffen.

In dieser Situation kommen die Personen ins Spiel, die unterschiedliche politische Strömungen repräsentieren. Das Vertrauen in Personen – ihren Charakter, ihre Urteilsfähigkeit, ihre Ziele, ihr Charisma – reduziert die Komplexität.

Daher ist für Sie, wenn Sie den Weg an die Spitze des Staates suchen, die Direttissima, sich als Retter in der Not zu präsentieren. Um die Not beseitigen zu können, müssen Sie sie zunächst heraufbeschwören. Der erste Schritt ist also, die Beschreibung des Status quo des Staats als desaströs gebetsmühlenartig zu wiederholen und wiederholen zu lassen. Eine enge Zusammenarbeit mit ihren Unterstützern im Netz, den sozialen Medien, Bots, der Mainstream-Presse, ist hier nötig. Vor allem die Ihnen feindlich gesinnte Presse wird Ihnen helfen, Ihren Ruf zu stabilisieren, weil sie selbst, um ihre Blätter verkaufen zu können, darauf angewiesen ist, ständig Nachrichten (»Breaking News«) zu produzieren und Spannung zu erzeugen. Und die liefern Sie und Ihre Freunde zur Genüge, wenn Sie sich unberechenbar zeigen, provozieren, Unerhörtes aussprechen, Tabus brechen usw. Sie sorgen dafür, dass keine Langeweile aufkommt und niemand ins Sommerloch fällt.

Sie persönlich müssen unmissverständlich und auch noch für den Begriffsstutzigsten erkennbar die Rolle des Robin Hood übernehmen, der sich mutig und unverzagt, aber auch ungehemmt, unkonventionell und schamlos, den Mächtigen entgegenstellt. Wo immer Sie die Gelegenheit sehen, greifen Sie an!

Man kann sein Image zwar nicht wirklich kontrollieren, aber man kann öffentlich wahrnehmbar in einer Weise handeln, dass bei oberflächlicher Wahrnehmung – und die öffentliche Wahrnehmung ist immer oberflächlich – ein bestimmtes Bild Ihrer persönlichen Eigenschaften suggeriert wird.

Sie haben daher prinzipiell die Wahl, wie Sie vom Volk – das heißt, den vielen Menschen, um deren Verehrung Sie sich bemühen – etikettiert werden wollen. Sie müssen, um längerfristig erfolgreich zu sein, als »charismatischer Führer« identifiziert werden.

Daher die Frage: Wie macht man das: Charisma? Woher bekommt man Charisma (das gibt's ja nicht bei Amazon)?

Manche Leute meinen, es sei eine angeborene Eigenschaft, die Führungsfiguren von einem zu ihnen besonders lieben Gott mitgegeben worden sei. Das ist natürlich totaler Quatsch – aber einer, den Sie auf keinen Fall infrage stellen sollten, weil Sie diesen Mythos des Gottesgnadentums, das implizit durch ihn transportiert wird, langfristig für sich nutzen können.

Wie alle anderen Eigenschaften, die einer Person zugeschrieben werden, wird auch Charisma in der Kommunikation mit anderen Leuten erworben. Es ist wie mit dem Klavierspielen: Man mag eine gewisse Musikalität von seinen Eltern ererbt haben, ein Talent, aber das allein reicht nicht, um Klavier spielen zu können. Man muss auch noch üben, um Geräusche zu erzeugen, die Wohlgefallen auslösen. Und hat man den Ehrgeiz, die Begeisterungsstürme riesiger Auditorien auszulösen, muss man sogar sehr viel üben. Manche Menschen bekommen schon nach wenigem Üben ein paar dem Ohr verträgliche Tonkombinationen zustande, andere können noch soviel üben, es wird einfach nix. Aber, ob nun viel oder wenig, ohne Üben kommt keiner auf die Bühne eines Konzertsaals.

In der Idee gottgegebener Führungsqualitäten manifestiert sich die Hoffnung auf übernatürliche Kräfte und Fähigkeiten, auf Zauber und Wunder. Diese Sehnsucht nach Perfektion, nach Fehlerfreiheit, wird dann personalisiert, indem ein Führer idealisiert und auf ein Podest gehoben wird, um ehrfürchtig quasireligiös verehrt und angebetet zu werden. Das muss auch Ihr Ziel sein.

Ihre Aufgabe ist es also, die Idealisierung Ihrer Person zu erreichen. Da sie das Resultat von Kommunikation ist, können Sie Ihre eigene Idealisierung nicht allein bewirken, denn Selbstgespräche helfen Ihnen da nicht, auch wenn Sie sich schon lange im Verdacht haben sollten, ein großartiger Führer zu sein. Sie müssen Leute um sich scharen, die seit ewigen Zeiten und sehnsüchtig auf einen Messias warten, der Erlösung von allem Übel verheißt. Dann verführen bzw. überzeugen Sie diese Menschen dazu, diesen Retter endlich in Ihnen gefunden zu haben.

Es muss also schon vor Ihrem Auftreten ein Bedarf gegeben sein, eine schmerzlich erlebte Unterversorgung an vertrauensvoller Führung, eine Hypocharismie, eine emotionale Mangelernährung, die selbstverständlich schuld der Eliten ist, die dumpf und abgehoben herrschen und daher nicht wissen, was das Volk braucht.

Wenn Sie (zufällig) ein Rhetorik-Training genossen oder Schauspielunterricht genommen haben sollten, so ist das kein Schaden, denn es geht um Ihre Auftritte, die Darstellung des »starken Manns« (wenn Sie schüchtern sind und darunter leiden, öffentlich beobachtet zu werden, dann sollten Sie besser schnell in Ihr Erdloch zurück, wo Sie sich sicher fühlen können). Der starke Mann scheut keine Konfrontation, er verhöhnt den Gegner (wie Muhammed Ali das perfekt vorgeführt hat), um ihm und dem Publikum zu zeigen, dass er vor niemandem und nichts Angst hat. Steigen Sie in den Ring, je stärker der Gegner, desto besser für Sie. Wenn Sie auf Augenhöhe mit den Großen der Welt kämpfen, dann gehören Sie zu den Großen der Welt. Da Ihr zutiefst verunsichertes Publikum Angst hat, ist deutlich demonstrierte Angstfreiheit mehr als nur Plakatierung des eigenen Muts, sondern das Versprechen, dass man als Ihr Gefolgsmann oder Ihre Gefolgsfrau ebenfalls die Angst loswird. Sie reichen die starke Hand, an der jedermann beschützt durch die Unbilden der Welt geleitet wird.

Zeigen Sie Ihre Verachtung für Experten, die im Elfenbeinturm und ohne Praxisbezug vor sich hinforschen und zaudern und zögern, ehe sie irgendwelche Fakten als wahr akzeptieren. Sie wissen es alles besser. Sie sind der Durchblicker, der weiß, wie der Hase läuft. Die Welt, die Sie verkünden und Ihren Anhängern erklären, ist nicht komplex. Es gibt keine Vieldeutigkeit, keine Ambivalenzen, keine Widersprüche oder Paradoxien, sondern nur Schwarz oder Weiß. Wie auf einem Schachbrett: schwarze Felder, weiße Felder, schwarze Figuren, weiße Figuren. Die Welt ist einfach: Es gibt die *Guten* – das sind das Volk und Sie als sein Sprecher; und es gibt die *Bösen* – das ist der Feind: die Fremden außen und die Eliten innen, vor denen das Volk geschützt werden muss. Und Sie sind es, der das Volk schützen kann, weil Sie *stark*, eigensinnig und unerschütterlich sind. Sie passen sich nicht an, sondern man kann sich nur an Sie anpassen oder gegen Sie kämpfen. In beiden Fällen gewinnen Sie.

Wie Sie diese Stärke strategisch sinnvoll demonstrieren, ist abhängig vom kulturellen Umfeld. Es gibt Gegenden der Welt, wo die potenzielle, des Heldentums verdächtige Person ihre körperliche Kraft und andere Machomarkenzeichen beweisen muss: in Ledermontur auf dem Motorrad, mit nacktem, muskulösem Oberkörper auf dem Pferd, mit bloßen Händen einen Hai niederringend usw. – der Kreativität ist da keine Grenze gesetzt. Aber es gibt auch andere Kulturen, wo das tägliche Absolvieren eines Triathlons eher als albern belächelt wird, aber die Tatsache, dass man einen Roman geschrieben hat – auch wenn er bislang von der Literaturkritik übersehen wurde – die Reputation des werdenden Helden stützen kann.

Bei alledem gilt: Schauen Sie, was die idealisierten Helden der Mythologie getan haben, und tun Sie Ähnliches, wenn auch auf heute übertragen: Kämpfen Sie mit Drachen, widerstehen Sie den Sirenenklängen, die von überall her erschallen, und erweisen Sie sich als der selbstlose Ritter, der bereit ist, um Witwen und Waisen zu schützen, in den Krieg zu ziehen. All das natürlich nicht, wenn keiner es merkt, sondern immer öffentlich. Doch Sie müssen nicht wirklich kämpfen: Es reicht, wenn Sie glaubhaft machen können, dass Sie es tun und schon lange tun, am besten schon immer getan haben. Designen Sie Ihre eigene Lebensgeschichte: Es ist nie zu spät, eine heroische Vergangenheit gehabt zu haben …

Sie gewinnen Ihre Stärke und Legitimation, weil Sie das Volk sind (!), denn Sie verkörpern es und seinen Willen mehr, als irgendein Parlament das je könnte. Sie fühlen wie das Volk und denken wie das Volk (auch wenn das Volk es vielleicht selbst noch gar nicht gemerkt hat).

Das Volk vertraut Ihnen, weil Sie der Starke sind – niemand kann Ihnen das Wasser reichen. Sie gehören deshalb nach ganz oben, an die Spitze der Machtpyramide, um die Gesellschaft wieder in Ordnung zu bringen. Und wenn Sie – bzw. synonym das Volk – erst einmal oben sind und die Macht übernommen haben, wird alles gut. Dann werden Sie da oben auch bleiben und verhindern, dass die alten, volksfeindlichen Eliten wieder die Macht übernehmen, sodass alle Menschen wieder ruhig und in Sicherheit schlafen können.

Das ist das Bild, das Sie durch kleine Gesten und großartige Handlungen, durch Reden und Verlautbarungen durch alle verfügbaren Medien verbreiten und verbreiten lassen müssen: Sie sind der charismatische Held, der bereit ist, die Ungeheuer zu besiegen.

14 Formieren Sie eine effektive Kampftruppe! *(Der Kader)*

Nein, auch wenn hier von Truppe die Rede ist: Sie sollten sich nicht auf Straßenkämpfe einstellen und ihre Kameraden nicht bewaffnen. Truppe ist aber deswegen der richtige Begriff, weil Sie eine quasimilitärische Organisation aufbauen müssen, die all die bislang skizzierten Operationen realisieren kann. Als Einzelkämpfer haben Sie keine Chance (was Sie nicht davon abhalten darf, den skizzierten Personenkult betreiben zu lassen). Sie brauchen eine Partei oder eine andere Organisation, die ähnliche Funktionen übernehmen kann. Aber das darf keine der traditionell aufgebauten, müden Organisationen sein, wo in öden Ortsvereinssitzungen und nicht minder langweiligen Delegiertenkonferenzen über des Kaisers Bart debattiert wird. Eine neue Partei zu gründen, ist daher nicht unbedingt sinnvoll. Hier kann das Hijacking des organisationalen Apparats einer schon bestehenden Partei von Nutzen sein, das heißt die feindliche oder freundlich Übernahme (die Bewertung liegt im Auge des Betrachters). Dies kann Ihnen aber nur gelingen, wenn Sie bereits über einen schlagkräftigen Kader und eine ergebene und entschlossene Truppe verfügen.

Beginnen wir beim Kreis Ihrer Vertrauten und engen Mitarbeiter. Jede Führungsfigur, ob sie einer populistischen oder anderen Strategie folgt, braucht eine Gruppe von Leuten, auf die sie sich stützen kann: mit denen sie ihre Visionen und Pläne diskutieren kann und die sie mit Ideen, Informationen, Einschätzungen der Lage sowie Prognosen etc. versorgen. Als Einzelner sind Sie heute ja angesichts der explodierten Komplexität der Welt – unabhängig davon, wie genial Sie auch sein mögen – überfordert. Rein theoretisch wäre es daher – das zeigt die moderne Führungsforschung – am schlauesten, wenn die Mitglieder Ihres Stabs in der Lage wären, mit Ihnen, der Person an der Spitze der Hierarchie, sowie untereinander hierarchiefrei, das heißt auf Augenhöhe, sachbezogen zu diskutieren. Wo immer es um Entscheidungen geht, bei denen nicht berechenbar ist, welches die beste Entscheidung ist, weil sich dies erst in der Zukunft herausstellen wird, ist es am besten, die kollektive Intelligenz einer Gruppe zu nutzen. Niemand kann wissen, in wessen Kopf die großartigste oder auch nur der Realität am besten gerecht werdende Idee oder Information gerade hin- und hergewendet wird. Nur in einer Atmosphäre, in der nicht – wie subtil auch immer – darum rivalisiert wird, wer dem anderen überlegen ist, und jeder sich als Person und in seiner Position sicher und anerkannt fühlt, ist dies möglich.

Das heißt aber – das ist ein Problem, mit dem Sie sich wohl oder übel in Zukunft immer herumschlagen müssen – diese Form der kollektiven Intelligenz werden Sie nicht nutzen können; nicht weil es für Sie und Ihr Anliegen nicht die beste Methode wäre, um zu optimalen Entscheidungen zu kommen, sondern weil man dazu die geeigneten Personen um sich versammeln muss. Und die gehören nun einmal nicht zu Ihren Anhängern oder Kameraden. Dabei ist es nicht eine Frage der Intelligenz dieser Personen, denn es finden sich zweifellos genügend Menschen mit hohem Intelligenzquotienten unter Ihren Vertrauten. Aber Sie und Ihre Bewegung sind aufgrund der autoritären ordnungspolitischen Vorstellungen, die Sie öffentlich propagieren, in erster Linie für Menschen attraktiv, die nicht an Hierarchiefreiheit glauben. Die meisten von ihnen sind aller Wahrscheinlichkeit nach der unerschütterlichen Überzeugung, dass soziale Strukturen immer Oben-unten-Beziehungen sind (»Auf jedem Schiff, das dampft und segelt, gibt's einen, der die Sache regelt!«). Es sind Menschen, die keinen großen Unterschied zwischen Mensch und Tier sehen und daher zu wissen meinen, dass der Dompteur in der Manege verloren ist, wenn die Löwen merken, dass er Angst vor ihnen hat. Deswegen sind Ihre Leute auch davon überzeugt, dass in allen menschlichen Beziehungen Ungleichheit herrschen muss. Einer hat das Sagen, der andere gehorcht, einer ist der Herr, der andere der Knecht ...

Solange Sie fest im Sattel sitzen, werden Ihnen daher nicht einmal Ihre engsten Kameraden offen sagen, was sie wirklich denken (in hierarchischen Systemen gilt bekanntlich: »Wer völlig offen ist, ist nicht ganz dicht!«). Sobald Sie eine eigene Meinung geäußert haben, können Sie nicht mehr mit Widerspruch rechnen, das heißt, Sie können nicht einmal eine kühle und leidenschaftslose Sachdiskussion erwarten. Man wird Ihnen nach dem Munde reden und sich im besten Fall extrem einfühlsam darum bemühen, Ihnen die Wünsche und Gedanken von den Augen abzulesen. Jeder scheint Sie zu bestätigen, sodass Sie selbst Ihre Fähigkeit zur Selbstkritik verlieren können. Wenn es Ihren Leuten tatsächlich gelingen sollte, Ihr Denken und Fühlen zu verstehen, so mag sich das zunächst ganz angenehm anfühlen, denn Sie müssen nicht mal mehr aussprechen, was Sie wünschen. Verstanden zu werden, ist aber nicht ohne Risiko: Denn wenn Sie einfühlbar und damit in Ihren Reaktionen vorhersehbar sind, dann sind Sie berechenbar. Und wer berechenbar ist, ist manipulierbar. Ihre Macht ist damit infrage gestellt. Sie können wie eine Schachfigur nach Belieben auf dem Spielfeld hin- und hergeschoben werden. Dasselbe gilt, wenn Sie sich irgendwelchen Prinzipien verpflichtet fühlen sollten, ob dies nun ethische, philosophische, religiöse oder theoretische Prinzipien sind. Wenn Sie sich irgendwelchen Regeln unterwerfen, kann über Bande gespielt werden, um Ihre prinzipiell kalkulierbaren Entscheidungen zu beeinflussen. Im Extremfall werden Sie dann von Ihrer Sekretärin (oder einem anderen Unterling) geführt, ohne dass Sie sich dessen auch nur bewusst werden ...

Daher sollten Sie sich – immer wieder mal, vom Zufall terminiert – vollkommen überraschend und erratisch verhalten. Das hält Ihre Leute wach und sichert Ihre eigene Macht.

Machen Sie sich aber keine Illusionen: Ihre engsten Mitstreiter sind allesamt sehr ehrgeizig. Andernfalls hätten sie es gar nicht so weit – an Ihre Seite – gebracht. Schließlich ist Ihre Bewegung keine caritative Veranstaltung. Auch wenn jeder einzelne ihrer Kampfgefährten sich im Moment in die Rolle des Untergebenen Ihnen gegenüber fügt, so rührt seine Motivation aus der Hoffnung, selbst Macht zu erringen. Deshalb müssen Sie eine streng hierarchische Organisation schaffen, in der viele Leute die Chance erhalten, formale Macht auszuüben und einen hohen Status zu genießen. Eine am Militär orientierte Struktur bietet sich hier an, schließlich hat sie sich über die Jahrhunderte in allen möglichen Krisen, Kriegen und Kulturen bestens bewährt.

Allerdings dürfte eine einflussreiche Position innerhalb der Hierarchie nicht das letzte Ziel der Mitglieder Ihres engeren Kreises sein. Es mag da zwar, wie in vielen Gruppen, einzelne Personen geben, die ihre Erfüllung in der Rolle des »zweiten Mannes« oder auch der »grauen Eminenz« sehen und daher nicht an die Spitze der Pyramide wollen; aber bei den meisten können Sie davon ausgehen, dass sie, falls sich die Gelegenheit ergeben sollte, keine Hemmungen zeigen werden, Sie zu stürzen.

All dies sind Gründe, warum Sie kaum die Möglichkeit haben, die Kreativität dessen, was man funktionierendes »Führungsteam« nennt, zu nutzen. Ganz im Gegenteil: Sie müssen verhindern, dass sich die Mitglieder der ihnen unmittelbar untergebenen Hierarchieebene gegen Sie verbünden. Die – ebenfalls seit Jahrhunderten bewährte – Methode dazu ist eine sternförmige Kommunikation (»Teile und herrsche!«). Das heißt, Sie kommunizieren mit jedem Ihrer Kameraden getrennt von den anderen und scheinbar auf Augenhöhe. Sie bilden die Mitte des Sterns, Ihre Leute die Strahlen. Jeder Einzelne gewinnt so den Eindruck, von Ihnen besonders geschätzt zu sein, ein herausgehobener persönlicher Vertrauter, der privilegierte Informationen erhält, die andere nicht bekommen; er wird dadurch eng an Sie gebunden, die anderen werden als Mitbewerber erlebt und die Solidarität zwischen den Peers wird brüchig. Aus der Summe der scheinbar egalitären Zweierbeziehungen ergibt sich aber stillschweigend eine kaum angreifbare, hierarchische Beziehung innerhalb Ihrer Führungsgruppe.

Durch die sternförmige Kommunikation können Sie ein wenig (aber doch nur sehr begrenzt) den Verlust eines funktionierenden Teamprozesses ausgleichen. Der Zugang zu den Informationen, über die einzelne Mitglieder der Gruppe verfügen, mag sich Ihnen so eröffnen, aber die Kreativität eines gelungenen Teamprozesses bleibt Ihnen vorenthalten. Denn in dessen egalitärer Kommunikation auf der Sachebene könnten die Gedanken des einen an die Gedanken eines anderen anschließen (»Mehr-Hirn-Denken«), sodass sich Ideen und Konzepte entwickeln könnten, die ein Einzelner nie zustande gebracht hätte. Solch eine kreative Dynamik können Sie nun einmal nicht durch die Addition von Zweierkommunikationen ausgleichen oder simulieren, auch wenn Sie auf diese Weise sicher ein Informationsmonopol errichten können, was ja auch nicht schlecht ist. Alles hat eben seinen Preis.

Trotz der sternförmigen Kommunikation sollten Sie aber wachsam bleiben, denn im Prinzip können Sie keinem Ihrer Mitstreiter trauen, auch wenn diese ihre Loyalität ständig beteuern und zu zeigen versuchen. Aber das tun sie natürlich auch, weil sie wissen, dass Sie dies erwarten. Sicherheitshalber sollten Sie ab und zu jemanden, der sich seiner stabilen Beziehung zu Ihnen vollkommen sicher zu sein scheint – und dies auch übermütig öffentlich demonstriert – rauswerfen. Eine kleine Säuberung hin und wieder sorgt dafür, dass sich nicht irgendwo unbeobachtete Schmutzecken in Ihrem Umfeld bilden.

Vertrauen sollten Sie im Prinzip niemandem. »Zuckerbrot und Peitsche« sind die Instrumente, mit denen – auch dies wieder eine Jahrtausende alte Weisheit – Sie ihre Autorität zuverlässig sichern.

Wenn sich Ihre Basis – das Volk – stark an Ihnen als Person orientiert, dann stabilisiert dies Ihre persönliche Machtposition. Daher sollten Sie – wie ein Popstar – versuchen, Ihre Fans zu pflegen und zu bedienen. Jeder einzelne Ihrer Fans – Follower – sollte sich von Ihnen persönlich angesprochen fühlen. Auch hier können Sie sternförmig kommunizieren. Die sozialen Medien eröffnen Ihnen die Möglichkeit dazu. Sie formulieren Ihre Tweets im Idealfall so, wie Sie es im Zweiergespräch machen würden.

Als Star sind Sie nicht ohne Weiteres austauschbar. Jemanden, der angehimmelt wird, an den das Volk sich emotional gebunden hat und an den es glaubt, aus dem Wege zu räumen, ist nicht so einfach, wie einen unbeliebten und verachteten Politiker in die Wüste zu schicken.

Ihre Partei und Bewegung sollte generell in der Außendarstellung auf eine starke Personenorientierung (das heißt: auf Sie) setzen, weil dies eine konsistente und widerspruchsfreie Kommunikation ermöglicht. Öffentlicher Streit innerhalb Ihrer Organisation oder Partei ist vielleicht nicht tödlich, wird aber im Allgemeinen nicht als Zeichen der Pluralität honoriert (da Vielfalt eher dem Feind zugeordnet wird). Sie werden innerhalb der Bewegung aber nur schwer einen Konsens über die inhaltlichen Ziele und Methoden Ihrer Politik erlangen können. Das könnte zum Problem werden, denn es ist wichtig, dem Volk stets klare und eindeutige (!) Botschaften zu geben. Der sicherste Umgang damit ist, wenn Sie es systematisch vermeiden, sich mit Vorschlägen zur Lösung konkreter Probleme zu beschäftigen oder sie gar zu verkünden. Denn dann bestünde die Gefahr, dass Sie bzw. Ihre Vorschläge von Ihren Gegnern (oder auch innerparteilich) inhaltlich ad absurdum geführt würden. Stattdessen muss die Botschaft Ihrer Partei auf die Beziehungsebene zielen: »Wir machen alles besser!« Und dieses Wir wird am besten durch eine greifbare Person – Sie! – symbolisiert. Wer für Sie ist, ist auf der richtigen Seite, worum es in der Sache auch aktuell gehen mag (das schafft auch den Raum für inhaltliche Flexibilität).

Noch ein Wort zur Loyalität von Kooperationspartnern, (Partei-)Freunden, Kameraden, den Mitgliedern der Führungsmannschaft, Untergebenen, Helfern: Sie können keinem total vertrauen. Die einzigen Menschen, bei denen es (wahrscheinlich) ein wenig anders ist, sind die Angehörigen Ihrer Familie. Die Familie ist – noch eine jahrhundertealte Erfahrung – als Solidarsystem relativ zuverlässig. Deswegen ist es machtpolitisch sinnvoll, wenn Sie Ihre Kinder und andere Verwandte in Stellung(en) bringen und sie auf Schaltstellen der Macht setzen: zunächst innerhalb der Bewegung, später dann – wenn Sie erst einmal Regierungsmacht ergriffen haben – im Staat. Sie brauchen gegebene hierarchische Strukturen (z. B. in der Partei, die sie freund-feindlich übernommen haben) nicht zu verändern, wenn Sie Ihre Vertrauten auf die entscheidenden Posten setzen.

Aber, sicher ein wenig ernüchternd, auch auf Angehörige der eigenen Familie ist im Zweifel kein Verlass, denn auch die werden nicht zögern, Sie aus dem Weg zu räumen, wenn es ihnen nützlich erscheinen sollte (»Auch du, mein Sohn, Brutus?!«).

15 Propagieren Sie eine grandiose nationale (kulturelle, ethnische) Identität!

(Die Ideologie)

Die Etablierung eines äußeren Feinds ist nur der erste Schritt zur Schaffung eines zuverlässigen Wir-Gefühls. Er sorgt für eine Innen-außen-Grenze, die so etwas wie eine Hülle, eine Haut, ein Gefäß schafft, die dem Volk – jedem einzelnen Bürger – deutlich vor Augen hält, wer oder was es (er/sie) auf keinen Fall ist (oder sein will). Der äußere Feind schenkt aber immer nur eine Gegen-Identität, ein defensives Bewusstsein, gegen wen sich die Gemeinschaft wehren muss. Wenn Sie es lediglich bei der Abgrenzung gegenüber außen belassen, haben Sie aber ein Problem: Sie sind gezwungen, ständig die Angst vor den Mächten da draußen aufrechtzuerhalten. Wie alle Erlebnisse oder Erfahrungen, die alltäglich sind oder werden, versanden auch Angst und Sorge. Das Volk gewöhnt sich an die dauerhafte, vermeintliche Bedrohung und ist durch die Berufung auf den Außenfeind kaum noch zu aktivieren. Nach einiger Zeit verschwindet die Angst im Grau der Normalität, die Gefahr wird nicht mehr ernst genommen und die äußere Bedrohung verliert ihre Gemeinschaft stiftende Wirkung.

Sie brauchen also mehr, um das Wir-Gefühl langfristig aufrechtzuerhalten. Sie müssen das bislang leere Gefäß, auf dem das Etikett »wir« klebt, mit Identität stiftendem, berauschendem Stoff füllen, an dem sich das Volk besaufen kann. Jeder Einzelne, der sich zu diesem Wir gehörig fühlt, muss seine persönliche Identität durch dieses Wir bzw. dessen inhaltliche Definition erhoben und aufgewertet sehen.

Die Entwicklung der Identität einer Person, das heißt, des Bewusstseins, ein unverwechselbares Individuum mit spezifischen persönlichen Eigenschaften zu sein, erfolgt stufenweise im Laufe des Lebens eines Menschen; und sie endet eigentlich nie vollständig, da sich die Lebenssituation jedes Individuums mit zunehmendem Alter verändert. Die Identität einer Person in all diesen Lebensphasen ist jedoch durch einen gemeinsamen Faktor bestimmt: Sie setzt sich aus der Menge der unterschiedlichen Zugehörigkeiten zu sozialen Einheiten und den diesen Gruppen nachgesagten Eigenschaften zusammen. Ein junger Erwachsener männlichen Geschlechts mag sich dann, um ein Beispiel zu nennen, bewusst oder unbewusst identifizieren als Mann, Mitglied der Familie Meier, Teil der Paarbeziehung mit seiner Freundin Claudia, Katholik, Frankfurter, Student der Betriebswirtschaft an der Goethe-Universität, Mitglied der Jungen Union, Anhänger von Eintracht Frankfurt, Deutscher ... All diese Zugehörigkeiten bestimmen die Merkmale, die er sich zuschreibt bzw. die andere ihm zuschreiben, und sie tragen, wenn auch in unterschiedlichem Maße und mit unterschiedlicher Wichtigkeit, zu seinem persönlichen Identitätsgefühl bei. Und dieses Selbstbild bestimmt zu einem guten Teil sein Verhalten, da seine Entscheidungen dazu passen müssen. Würden sie das nicht tun, müsste er sich verleugnen und könnte sich nicht mehr guten Gewissens im Spiegel betrachten. Aber in unterschiedlichen Kontexten werden nicht alle Zugehörigkeiten in gleicher Weise wirksam. Wenn, um das Beispiel des jungen Mannes noch ein wenig weiter zu strapazieren, Eintracht Frankfurt gegen Bayern München spielt, dann fiebert unser Student natürlich mit »seiner« Mannschaft, und die ist in diesem Fall Eintracht Frankfurt. Wenn aber Bayern München gegen Real Madrid spielt, dann drückt er nicht minder leidenschaftlich die Daumen für »seine« Bayern, weil er sich als Deutscher solidarisch mit ihnen fühlt.

Es ist also situationsabhängig, welche Zugehörigkeit jeweils aktuell das Verhalten eines Individuums bestimmt. Das müssen Sie berücksichtigen, wenn Sie diese wunderbaren Gefäße, genannt »wir« und »Ich-Identität«, mit den Ihnen zupasskommenden Inhalten füllen wollen.

Angesichts der weiten Variationsbreite möglicher Zugehörigkeiten zu unterschiedlichen sozialen Subsystemen dürfen Sie auf keinen Fall eins wählen, das Ihre Anhängerschaft zu sehr begrenzen würde. Sie werden nie die Unterstützung der Mehrheit des Volks erlangen, wenn Sie sich als Interessenvertreter einer kleinen Gruppe zu erkennen geben (zum Beispiel der Lokomotivführer – es gibt einfach zu wenige). Das ist der Grund, warum Nation, Rasse oder Kultur am erfolgversprechendsten sind. Sie brauchen, um Missverständnissen vorzubeugen, selbst nicht wirklich daran zu glauben, dass eine bestimmte Rasse der anderen überlegen ist oder eine Kultur fortschrittlicher, aufgeklärter oder reifer als die andere ist. Es reicht, eine Kategorie zu wählen, die auf möglichst viele Leute zuzutreffen scheint, ohne jedoch alle einzuschließen! Wenn Sie (um ein ähnlich albernes Beispiel wie Lokomotivführer zu wählen) »alle Menschen« nehmen würden, dann bliebe für Sie niemand mehr übrig, gegen den sich Ihre Anhänger abgrenzen könnten, und es gäbe auch keinen dieser nützlichen Außenfeinde mehr (wenn man mal wilde Tiere, Krankheiten oder Naturgewalten ausnimmt, die aber wenig zur dauerhaften Identitätsbildung einer kampfeslustigen Gemeinschaft von Normalbürgern beitragen).

Sie hätten natürlich auch die Religionszugehörigkeit als Unterscheidungsmerkmal wählen können; es gab Zeiten in

Europa, als dies weit erfolgversprechender war als die Nationalität, und viele Menschen wurden im Kampf um den »wahren« Glauben in den Tod geschickt (zum Beispiel im Dreißigjährigen Krieg). Das ist heute im Nahen Osten immer noch so, wo die Grenzen der Nationen willkürlich von den ehemaligen Kolonialmächten in den Wüstensand gezeichnet wurden und unterschiedliche Richtungen und Sekten des Islam sich feindselig gegenüberstehen. Ähnlich ist es in Afrika, wo es die Stämme und ihre Territorien sind, die individuell Identität stiften, und nicht die mit dem Lineal auf einer Landkarte von den Kolonialherren England, Belgien, Frankreich usw. markierten Ländergrenzen.

Wenn Sie die Zugehörigkeit zu Nation, Ethnie bzw. Rasse oder Kultur zur Unterscheidung »wir« vs. »die anderen« verwenden, so haben Sie in den westlichen Ländern heute die größten Chancen, dass eine Mehrheit der Bevölkerung sich mit den Eigenschaften, die der Kultur, der Rasse oder auch der Nation zugeschrieben werden, identifiziert. Ein Vorteil ist außerdem, dass Sie auch hier wieder auf bereits traditionell geprägte Bilder und Eigenschaften der jeweiligen Nation, Rasse oder Kultur zurückgreifen können. Auf diese Weise nutzen Sie tief verwurzelte (Vor-)Urteile, die Sie nicht selbst zu erfinden brauchen, sodass Sie den Marketingaufwand zu deren Verbreitung minimal halten können. Das Beispiel von Nation und Religion macht aber deutlich, warum Sie im Zweifel auf die Rasse oder ethnische Herkunft als Charakteristikum der Zugehörigkeit zum Volk setzen sollten: Der einzelne Mensch ist dabei meist aufgrund körperlicher Merkmale als zugehörig oder nicht zugehörig klassifizier- und identifizierbar. Wer dunkelbraune Haut hat, geht wahrscheinlich nicht ohne längere Erklärungen als Schwede durch, selbst wenn er in Stockholm geboren ist, die Sprache grammatikalisch perfekt und akzentfrei beherrscht und noch nie seine Geburtsstadt verlassen hat. Man wird ihn oder sie fragen, wo er/sie denn so gut Schwedisch gelernt hat …

Rassismus ist also die idiotensicherste Variante bei der Wahl von Eigenschaften der Mitglieder des Volks. Man ist, zum Beispiel, von kräftiger Statur, hochgewachsen, blond und blauäugig – in einem Wort: schön. Da diesem Schönheitsideal nur ein Bruchteil der Bevölkerung entspricht, jeder Mensch jedoch narzisstische Bedürfnisse hat und (fast jeder) das Gefühl der eigenen Großartigkeit ersehnt und irgendwie einzigartig sein will, müssen mit der Zugehörigkeit zu Nation, Kultur oder Rasse (sie sind letztlich austauschbar) auch noch andere persönliche Eigenschaften, die stolz machen können, verbunden sein. Wer, zum Beispiel, Deutscher ist, der kann für sich mit Fug und Recht in Anspruch nehmen (in alphabetischer Reihenfolge) diszipliniert, feinfühlig, fleißig, gebildet, intelligent, kreativ, künstlerisch begabt, logisch denkend, musikalisch, mutig, ordentlich, pflichtbewusst, qualitätsbewusst, ritterlich, sauber, sparsam, sportlich, strebsam, verantwortungsbewusst, wissenschaftlich arbeitend, wohlorganisiert, zuverlässig (usw.) zu sein – er gehört eben nicht nur zum »Volk der Dichter und Denker«, sondern auch zu dem der großartigen Komponisten, Wissenschaftler und Ingenieure. Die vielen Beispiele in der Tausendjährigen Geschichte des Deutschtums belegen es: von Goethe bis zu Max Planck, von Armin dem Cherusker bis Beethoven …

Wenn Sie nicht als Rassist erscheinen wollen – was in Deutschland aktuell ja immer noch problematisch wäre – schreiben Sie die Großartigkeit, die mit der Zugehörigkeit zum deutschen Volk (quasi automatisch) verbunden ist, lieber der unverwechselbaren deutschen Kultur zu, deren Überlegenheit gegenüber allen anderen Kulturen – ob innerhalb oder außerhalb Europas – sie unerschütterlich preisen sollten. Gerade weil es um den Erhalt dieser ideellen Werte geht, müssen Sie das Volk davon überzeugen, gegen die Umvolkung und die feindliche Übernahme durch fremde, niedere Kulturen (Rassen, Nationen, Religionen o. Ä.) zu kämpfen.

Die vielen positiven Eigenschaften legitimieren auch den Anspruch – im Einklang mit dem vertrauten Schema der Oben-unten-Beziehungen – sich anderen Kulturen (Rassen, Nationen ...) überlegen zu fühlen. Was für Individuen gilt – dass nur manche das Charisma haben zu führen –, war ja über die Jahrhunderte auch in der Beziehung von Völkern zu beobachten. Es gibt eben, das müssen Sie Ihren Anhängern einhämmern, *bessere* und *schlechtere* Völker (Kulturen). Verkünden Sie es als Naturgesetz – es lassen sich garantiert Studien finden, die dies belegen –, dass es geborene Herren und Knechte gibt – und das nicht nur unter Individuen, sondern auch unter Ethnien. Versichern Sie Ihren Anhängern, dass sie alle von Gott und dem Schicksal (»Vorsehung«) auserwählt sind: das Herrenvolk, die Herrenrasse zu sein – und das nicht, weil sie diese Überlegenheit mit Waffengewalt herbeigeführt hätten, sondern schlicht und einfach, weil sie besser sind.

Die persönliche Identitätsstiftung durch die Zugehörigkeit zu einer großartigen Nation, Rasse oder Kultur ist zwangsläufig für diejenigen Personen attraktiv, die in ihrem alltäglichen Leben unter einem Grandiositätsdefizit leiden, das heißt: die meisten Leute. Wer als Individuum hinreichend narzisstische Zufuhr und Bewunderung von seinen Mitmenschen erhält, ist für Sie durch das Versprechen der Teilhabe an einem großartigen Projekt – zum Beispiel dem Kampf um internationale Anerkennung der Größe der eigenen Nation – nicht so leicht hinter dem Ofen hervorzuholen. Wo Grandiosität und hoher Selbstwert an persönliche Leistung gebunden sind, wird beides zum knappen Gut. Um der Mehrheit der Bevölkerung zu einem Gefühl der eigenen Großartigkeit und einem gesteigerten Selbstwertgefühl zu verhelfen, müssen Sie die dazu berechtigenden phantastischen Eigenschaften und Leistungen vom einzelnen Menschen lösen und der Masse zuschreiben – »Ihrem« Volk. Denn es wird zu Ihrem Volk, wenn es Ihnen gelingt, es davon zu überzeugen, dass es einzigartig und erwählt ist, um die Welt zu verändern.

16 Bauen Sie einen patriarchalen (strengen, aber versorgenden) Staat!

(Die Revolution)

Sie haben nun endlich nach langem, ausdauerndem und unermüdlichem Kampf die Wahlen gewonnen und Sie bilden eine Regierung. Falls Sie dies nur tun können, indem Sie als Juniorpartner eine Koalition mit einer anderen Partei eingehen, so sichern Sie sich das Innenministerium. Der Außenminister steht zwar im öffentlichen Ansehen höher im Kurs, weil er ständig auf der Weltbühne mit anderen prominenten Akteuren auftritt, aber er hat nicht viel zu sagen; er ist nur ausführender Dienstleister für den Regierungschef bzw. die Regierungschefin, welche/r die Richtlinien der Politik bestimmt. So wie man sich in einer Familie mit den Nachbarn über die Höhe des Zauns und die Beseitigung des Unkrauts einigen muss, beschäftigt er sich mit den Außenbeziehungen der Familie, die mit den innerfamiliären nicht viel zu tun haben (vom gelegentlichen Ärger über den Nachbarn, der zu laut fernsieht und dadurch den familiären Schlaf stört, mal abgesehen). Der Innenminister hingegen bestimmt, wie das Familienleben und die Beziehungen zwischen den Familienmitgliedern geregelt werden. Er verfügt sozusagen über die elterliche Autorität und ist der Herr im Haus, da er weisungsbefugt für Polizei und Inlandsgeheimdienste ist. In diesem Ressort können Sie daher auch aus einer Minderheitsposition in der Regierung beginnen, den Staat so umzubauen, dass die Ordnungskräfte und Kontrollorgane gestärkt werden.

Denn: Sobald Sie an der Regierung sind, müssen Sie demonstrativ beginnen, die Versprechen, die Sie Ihren Wählern gemacht haben, einzulösen. Wenn die Nation eine Familie ist, dann ist der Staat der Vater (»Vater Staat«, »Vaterland«) und immer auch die Mutter (»Muttersprache«, »Mutterboden«). Mit anderen Worten: Sie müssen dafür sorgen, dass Ihre Klientel gut versorgt ist und wachsen kann. Es geht dabei nicht primär um die Verteilung von Wahlgeschenken (Geschenke haben immer nur eine kurze motivierende oder Dankbarkeit erzeugende Wirkung), sondern um strukturelle Reformen, die dafür sorgen, dass es Ihren Leuten wirtschaftlich gut oder zumindest besser als vor Ihrer Übernahme von Regierungsverantwortung geht. Das Volk muss den Unterschied spüren, um Sie für einen ehrlichen Anwalt zu halten und für Sie durchs Feuer zu gehen. An erster Stelle stehen daher offiziell die Schaffung von Arbeitsstellen, ein hinreichend leicht zugängliches Bildungssystem sowie die Absicherung gegen Krankheit und die Sorge für das Alter.

All dies sind Aufgaben, die in früheren, vorindustriellen Zeiten von der Familie – diesem elementaren Solidarsystem – erfüllt wurden; jetzt, wo die Globalisierung und die ethische Beliebigkeit der von Gott verlassenen westlichen Zivilisation zu dem von Ihnen schon lange beklagten Niedergang der Familien geführt hat, muss Ihr väterlich und mütterlich versorgender Staat einspringen. Dazu müssen Sie Rechtsansprüche auf staatliche Fürsorge schaffen, die Renten- und Pensionsansprüche anpassen, allen eine angemessene Krankenversorgung sichern sowie eine Wirtschafts- und Steuerpolitik betreiben, die Arbeit schafft und die Zahl der Arbeitslosen radikal senkt. Das Mittel der Wahl dazu (weil am schnellsten wirksam) sind große staatliche Investitionsprogramme.

Wenn Sie bzw. der Staat dazu Schulden machen müssen, ist das kein Problem. Schließlich ist ein Staat keine schwäbische Hausfrau und, auch wenn er so heißt, der Haushalt eines Staates nicht einem privaten Haushalt vergleichbar. Solange Sie keine Inflation auslösen, sind staatliche Schulden kein Problem. Lassen Sie sich nicht von selbsternannten Wirtschaftsweisen beirren; denn die folgen in ihrem Denken und Forschen sowie ihrer Modellbildung nur veralteten, noch dazu widersprüchlichen Orthodoxien und haben von der realen Wirtschaft keine Ahnung. Sie sind zu abgehoben, um die konkreten Konsequenzen ihrer aus Abstraktionen abgeleiteten Vorschläge für den Mann und die Frau auf der Straße zu kennen. Alles nur Schreibtischtäter oder, besser gesagt: Spieler an Computern, die nicht zwischen der Simulation am Bildschirm und dem wahren Leben unterscheiden können.

Investitionen kosten Geld (auch wenn der Staat es sich im Prinzip drucken kann), und diejenigen, die das Geld besitzen, werden es Ihnen nicht freiwillig geben. Daher müssen Sie den alten Staat mit seinen insuffizienten Gesetzen und Institutionen revolutionieren. Vor allem dürfen Sie keine Rücksicht auf Ihre politischen Gegner (»Volksfeinde«) nehmen, die nur ihren Besitzstand wahren wollen. Hier hilft nur väterliche Strenge und totale Kompromisslosigkeit ...

Wenn Sie selbst Präsident, Kanzler, Premierminister (wie immer der Titel lauten mag) der Regierung sind, sollten Sie ohne zu zögern beginnen, den Staat in Ihrem Sinne revolutionär umzubauen. Ihr Ziel muss es sein, die dauerhafte Herrschaft und Durchsetzung der Interessen des Volks zu sichern. Da Sie dessen Willen und Interessen verkörpern, heißt dies: Es geht um die dauerhafte Sicherung Ihrer eigenen Macht.

Die repräsentative Demokratie mit ihren regelmäßigen Wahlen und Regierungswechseln, liberalen Bürgerrechten, dem Recht auf freie Meinungsäußerung, der Presse- und Informationsfreiheit hat Ihnen zwar ermöglicht, an die Spitze des Staates zu gelangen, ohne dass Sie wie frühere Revolutionäre dazu Blut vergießen mussten, aber sie gefährdet potenziell auch den Erfolg Ihrer Revolution. Denn all diese Rechte könnten in Zukunft auch gegen Sie (= das Volk) verwendet werden und müssen daher neu strukturiert und in einer Weise verbessert werden, dass das Volk nicht mehr so leicht seiner Macht beraubt werden kann.

Wenn Sie an den bis dato verfassungsmäßig garantierten Rechten rütteln, so wird man Ihnen vorwerfen, Sie seien ein Nazi oder Faschist; aber das haben Sie wahrscheinlich auf dem langen Marsch, bei Ihrem Kampf, schon oft gehört, sodass Sie sich davon wohl sowieso nicht berühren lassen. Beharren Sie darauf: Sie verbessern lediglich die etwas in die Jahre gekommene Demokratie, deren Defizite jedermann alltäglich erleben kann. Sie – und Ihre Bewegung – sind es, die wissen, was das Volk wirklich will und braucht.

Die Logik Ihrer Staatsreformen kann sich an der historischen Entwicklung vom Feudalsystem zur parlamentarischen Demokratie orientieren: Sie müssen die einzelnen Entwicklungsschritte nur in umgekehrter Reihenfolge vollziehen.

Dreh- und Angelpunkt ist dabei, die sogenannte Gewaltenteilung aufzuheben. Bislang hat der Staat bzw. das politische System versucht, die Macht des Einzelnen oder auch einzelner Einflussgruppen zu begrenzen (wie wir alle wissen: ohne großen Erfolg, denn das internationale Großkapital zieht ja überall die Fäden). Dies wurde dadurch zu erreichen versucht, dass die klassische Oben-unten-Unterscheidung durch den Bau einer verwickelten Hierarchie (das heißt, die unten kontrollieren die oben) aufgehoben wird: Die Regierung (die Exekutive), die im Parlament versammelten Repräsentanten des Volks (die Legislative) und das Rechtssystem mit seinen Gerichten (die Judikative) begrenzen sich bislang gegenseitig in ihrer Macht, schauen sich gegenseitig auf die Finger und klopfen sich, wenn es sein muss, auch auf die Finger. Dass dies jeglicher Logik widerspricht, ist eigentlich für jeden Drittklässler einsichtig: Wenn derjenige, der oben in der Hierarchie steht (ein Regierungschef bzw. die Regierung), sich jemandem, der unter ihm in der Hierarchie steht (einem x-beliebigen Richter oder Gericht) unterwerfen muss, dann kann da was nicht stimmen, denn es wird ja vollkommen unklar, wer wirklich das Sagen hat und wer wem zu gehorchen hat.

Solche Einschränkungen der Regierungsgewalt sind in Ihrer neuen Verfassung schon deswegen überflüssig, weil Sie bzw. Ihre Regierung direkt – ohne dass es dazu der Vermittlung von Abgeordneten bedürfte – die Interessen des Volks vertreten. Da es für Ihr Image nicht gut wäre, das Parlament aufzulösen, reicht es, wenn Sie die Wahlgesetze so ändern (lassen), dass Ihre Partei eine satte Mehrheit der Sitze im Parlament erhält, selbst im unwahrscheinlichen Fall (= »Wahlfälschung«), nicht die Mehrheit der Stimmen zu erhalten. Sie können, zum Beispiel, Wahlkreise so zuschneiden, dass auf jeden Fall die richtigen Kandidaten der richtigen Partei ihren Sitz im Parlament gewinnen. Oder aber Sie können eine Regelung einführen, dass die Mehrheitsfraktion zig Sitze zusätzlich erhält, um die Regierungsfähigkeit zu gewährleisten (der Freiheit bei der Gestaltung der passenden gesetzlichen Regelungen ist keine Grenze gesetzt).

Wie auch immer die Wahlgesetze im Einzelnen aussehen mögen, wichtig ist, dass Sie von der Idee der innerparteilichen Demokratie Abstand nehmen (falls Sie die jemals gehabt haben sollten). Die Spitze der Partei muss die Auswahl der Kandidaten bestimmen. Großzügig kann Sie dann erlauben, dass die Parteimitglieder unter den vorgeschlagenen Kandidaten ihre Wahl treffen. Auf diese Weise können Sie fest mit der Loyalität Ihrer Abgeordneten rechnen; und nur so macht es auch keinen Unterschied, ob Sie das Parlament abschaffen oder nicht. Wenn die Abgeordneten tun, was die Regierung wünscht, ist für die Durchsetzung der Interessen des Volks gesorgt. Die Verwicklung der parlamentarischen Hierarchie, bei der das Unterste zuoberst gekehrt wird, ist beseitigt.

Zur Ergänzung des immer noch repräsentativ erscheinenden Systems und zur Absicherung Ihrer Macht empfiehlt es sich, die Möglichkeit von Volksbefragungen in die zu ändernde Verfassung aufzunehmen (falls sie da nicht schon drinsteht). Da Sie ja in der Lage sind, das Instrumentarium der Massenpsychologie zu bedienen, gewinnen Sie – unterstützt durch die grandiosen basisdemokratischen Möglichkeiten der sozialen Medien – ein unschlagbares Machtmittel: Das Volk spricht und hat das letzte Wort (und duldet in einer Demokratie keine Widerworte).

Bleibt noch der unerhörte Skandal, dass Sie sich als Regierung der Macht von Gerichten unterwerfen sollen. Hier gilt es, eine ähnliche Strategie wie im Umgang mit dem Parlament anzuwenden. Stellen Sie auf keinen Fall die Notwendigkeit des Rechtssystems infrage – schließlich leben Sie in einem zivilisierten Land, in dem Konflikte gewaltfrei vor Gericht gelöst werden, und das Gewaltmonopol des Staates garantiert im Prinzip, dass nicht das Faustrecht und Wild-West-Methoden praktiziert werden können. Aber dieses Rechtssystem, das – wie Sie ja seit Jahren öffentlich beklagen – korrupt ist und eine Klassenjustiz betreibt, ist dringend reformbedürftig.

Sie können nun zweigleisig fahren. Der erste Schritt besteht darin, generell die Unabhängigkeit der Gerichte zu begrenzen. Wie immer Sie dies gesetzlich ausgestalten, entscheidend ist, dass die Ernennung von Richtern von politischen Gremien bestimmt wird, damit Sie für die Berufung Ihrer Leute auf diese Posten sorgen können. Verfassungsrichter werden, zum Beispiel, in der Bundesrepublik Deutschland auch jetzt schon vom Parlament bestimmt. Aber, das ließe sich ohne Mühe noch weiter ausbauen. Jetzt, wo sie an der Macht sind, eröffnen sich hier weitgehende Reformmöglichkeiten, die vom Volk mit hoher Wahrscheinlichkeit ohne großen Widerstand akzeptiert werden. Zum einen, weil Sie ja lange genug die Ehrenhaftigkeit der Richter und die Gerechtigkeit ihrer Urteile in Zweifel gezogen haben, sodass deren Image denkbar schlecht ist; und zum anderen, weil die prozeduralen Regeln zur Berufung von Richtern und die Logik des Rechtssystems für den Bürger auf der Straße weder durchschaubar noch von Interesse sind.

Polizei und Inlandsgeheimdienste sollten Sie systematisch ausbauen. Um die Sicherheit der Bürger zu gewährleisten – der Terrorismus ist eine ständige Gefahr –, müssen Sie flächendeckende Überwachungsmöglichkeiten schaffen: Videokameras auf allen öffentlichen Plätzen, Kontrolle der gesamten Internetkommunikation, eine umfassende Datensammlung, wie sie bislang nur von den großen Internetgiganten vorgenommen wurde. Am einfachsten ist es, wenn Sie sich den Zugriff auf deren Daten gesetzlich sichern und dafür zuständige Behörden schaffen. Für die so gesteigerte Sicherheit wird die Bevölkerung Ihnen dankbar sein, denn wer nichts verbrochen hat, hat ja nichts zu befürchten, wenn seine Daten gesammelt und ausgewertet werden.

Um Ihre Wirtschaftspolitik durchsetzen zu können, ist von besonderer Wichtigkeit, dass Sie die Unabhängigkeit der Notenbank beenden. Sie muss mit ihren Interventionen in die Märkte Ihren politischen Zielen dienen. Das heißt konkret, dass Sie die Wirtschaft mit billigem Geld zu versorgen hat, damit aufgrund der geringen Kreditkosten ein Boom entstehen und am Leben erhalten werden kann, der – über die staatlichen Investitionen hinaus – viele neue Arbeitsplätze schafft. Die Grenze des Gelddruckens sollten Sie aber beachten: Falls es zur Inflation kommt, könnten Sie Ihre Basis verlieren, denn die fürchtet um ihr Erspartes, und gerade in Deutschland gehört die Angst vor Inflation zum kulturellen Erbe, zu den Traumata der nationalen Geschichte, die von Generation zu Generation weitergereicht werden.

Als letzten Sicherheitsanker Ihrer Macht sollten Sie Notstandsgesetze in die Verfassung schreiben, damit Sie, falls alle Stricke reißen, den Ausnahmezustand verkünden können, der Ihnen dann – wenn das Volk und seine Souveränität von übermächtigen inneren und äußeren Feinden bedroht sind – das Recht gibt, ungehemmt und effektiv durchzuregieren.

Bleibt noch die sogenannte »vierte Gewalt«, die Presse bzw. die Meinungs- und Pressefreiheit. Die muss Ihnen, wie bereits oben erwähnt, am wenigstens Sorge machen. Hier müssen Sie niemanden und nichts verbieten, denn durch die sozialen Medien und die damit verbundene Flut von Nachrichten – echten wie falschen – ist für den durchschnittlichen Bürger nicht mehr unterscheidbar, was wahr und was falsch ist. Sie können jederzeit die Botschaften, die Ihnen gemäß sind, verbreiten lassen, ohne sich im Geringsten um deren Wahrheitsgehalt scheren zu müssen. Wer wäre in der Lage, allein und ohne die entsprechenden Ressourcen zu klären, welche »News« denn nun »Fake News« sind und welche nicht? Wo immer sich noch seriöser Journalismus am Leben erhält, sollten Sie ihn und seine Glaubhaftigkeit infrage stellen (»Lügenpresse«), sodass der Unterschied zwischen Ihrer Desinformation und Information nicht mehr feststellbar ist.

Was Sie in der Öffentlichkeitsarbeit anwenden sollten, ist eine klassische und bewährte Methode der Hypnose – die sogenannte »Konfusionsstrategie«: Sie verwirren Ihr Gegenüber (das heißt die Öffentlichkeit) durch jede Menge widersprüchlicher Botschaften, was dazu führt, dass er (die Öffentlichkeit) ins Schwimmen gerät, den festen Boden seines (ihres) Realitätssinns unter den Füßen verliert und nach Halt sucht; dann bieten Sie ihm (ihr – der Öffentlichkeit) eine plausible, Konsistenz versprechende Erklärung oder Geschichte an, die dann wie ein Rettungsring von dem ins Schwimmen geratenen Bürger ergriffen wird. Das heißt, Sie brauchen sich nicht wirklich Sorgen zu machen, wenn Sie immer wieder mal Botschaften geben, die keinen Sinn ergeben, denn – zumindest – Ihre Anhänger werden im Zweifel die Schuld bei sich selbst suchen, dass sie Sie nicht verstanden haben, und die nächste, wieder konsistente Information als Rettungsring nutzen. Das Heer von Trollen und die Unmenge von Bots, die Ihnen in den sozialen Medien zur Seite gestanden und zur Macht verholfen haben, sind Ihnen dabei natürlich weiter eine große Unterstützung.

Diese Strategie können Sie auf allen Kanälen, die sich Ihnen eröffnen, verfolgen. Allerdings ist es gut, wenn es Publikationen und TV-Sender gibt, die eindeutig auf Ihrer Seite stehen, sodass die Basis Ihrer Gefolgschaft immer dann, wenn Sie nach Orientierung sucht, weiß, wo sie die finden kann.

Es muss wohl nicht extra betont werden, dass Sie, falls es staatliche oder vom Staat kontrollierte Rundfunk- und Fernsehsender gibt, die Positionen der Führungskräfte und

Programmverantwortlichen mit Ihren Parteigängern zu besetzen haben.

Zur Rolle der Wissenschaften ist oben schon einiges gesagt worden. Ihren Anspruch, objektive Wahrheiten zu besitzen, müssen Sie radikal infrage stellen. Andernfalls könnten Sie nicht wissenschaftliche Daten, die nicht zu Ihrer politischen Agenda passen, bezweifeln.

Da Sie nicht einfach beschließen können, dass die Reputation der Wissenschaften abgeschafft wird, müssen Sie wieder einmal über die Bande spielen. Als politische Entscheider haben Sie und Ihre Parteigenossen die Verfügungsgewalt über die Budgets für wissenschaftliche Institute und Universitäten. Da ohne Geld auch in den Wissenschaften keine Musik spielt, können Sie steuern, in welche Art von Forschung Musik gelangt. Wo es Budgets gibt, werden wissenschaftliche Karrieren begründet, und wo kein Geld ist, gibt es für junge Forscher keine Lorbeeren zu gewinnen. Sie beeinflussen auf diese Weise still und heimlich – ohne dass es ins Bewusstsein der Öffentlichkeit tritt – die Selektionskriterien für wissenschaftlichen Erfolg, sowohl was die Themen als auch was die Protagonisten betrifft.

Last, but not least ein paar Worte zur Zivilgesellschaft. Wenn Bürger sich engagieren, ist das im Prinzip ja nicht schlecht oder gefährlich. Da treffen Leute zusammen, die ein gesellschaftliches Anliegen haben und dafür eintreten. Meist verpuffen derartige Aktivitäten schnell wieder, wenn die Personen, die sie vorantreiben, die Lust verlieren oder sich ins Privatleben zurückziehen. Gefährlich werden sie, wenn Organisationen gebildet werden (sogenannte Nichtregierungsorganisationen) und deren Ziele dauerhaft und nachhaltig verfolgt werden können – denken Sie nur an die Schäden, die Greenpeace für die Ölindustrie zu verantworten hat. Sie müssen daher die Kontrolle über alle sogenannten Non-Profit-Organisationen behalten, deren Ziele eine politische Bedeutung gewinnen könnten. Wenn sie Geld aus dem Ausland erhalten, ist Spionage oder der Verdacht ausländischer Einmischung in die internen Angelegenheiten eines autonomen Staates meist ein gutes Argument, sie zuzusperren.

Um Künstler und die Kunstfreiheit brauchen Sie sich nicht viel zu sorgen. Künstler werden sowieso nicht ernst genommen. Es sind Außenseiter, die in ihrer eigenen, versponnenen Welt leben und für das Volk nicht von Bedeutung sind. Deren Freiheit brauchen Sie nicht infrage zu stellen. Die Geschichte zeigt, dass Künstler, um zu überleben, schon immer auf Mäzene, Fürsten, Kardinäle, den Papst oder auch schlichte Staatsknete angewiesen waren, da sie keine unmittelbaren Gebrauchswerte schaffen, die ihnen Geld einbringen würden. Daher werden sie sich aus eigenem Antrieb – nicht nur aus Existenznot, sondern auch aus Geltungssucht, Eitelkeit und Narzissmus – Ihrer Bewegung und deren Zielen anpassen; oder sie verschwinden einfach in der Dunkelheit der Anonymität unverstandener Genies, die erst nach ihrem Tod zu Anerkennung gelangen (können).

Der hier entworfene Reformplan kann aufgrund des beschränkten Raums nicht mehr als eine Skizze sein. Die nur grob entworfenen Konturen müssen selbstverständlich durch entsprechende Fachleute (Juristen, Marketingspezialisten, Sozialpsychologen etc., vor allem aber zur Treue verpflichtete Beamte) in den Details ausgearbeitet und realisiert werden. Aber das ist dann eine Aufgabe ausführender Organe, über die der Staat – Ihr Staat – ja zur Genüge verfügt.

17 Zeigen Sie unmissverständlich, dass Sie keinen Spaß verstehen! *(Die Humorlosigkeit)*

Machen Sie sich keine Illusionen: Auch wenn die Massen Ihnen auf den Marktplätzen und im Internet zujubeln, es gibt Widerstand gegen Sie. Sie können zwar die formale Opposition in den Parlamenten von Stadt und Land kaltstellen, aber es gibt immer Besserwisser, die nostalgisch an den vertrauten Spielregeln der liberalen Demokratie hängen und nicht begriffen haben, dass eine neue Zeit begonnen hat. Diese Leute werden Sie nicht überzeugen. Und diese Leute werden dieselben oder ähnliche Methoden anwenden, wie Sie es gemacht haben, um an die Macht zu kommen. Sie leben jetzt aber, das sollte Sie einigermaßen beruhigen, in einem anderen Staat: Sie haben Überwachungsinstrumente an der Hand, von denen frühere Herrscher nur träumen konnten. Auch haben Sie sich jetzt die entsprechenden Strukturen geschaffen, um durchregieren zu können. Und das sollten Sie auch tun, wo immer Ihre Gegner Obstruktion betreiben. Ihre Basis wird auf drastische Maßnahmen (Verhaftungen etc.) gegen den inneren Feind nicht mit Empörung reagieren, da nur eine kleine, abgehobene intellektuelle – und daher sowieso mit Misstrauen beobachtete – Minderheit betroffen ist; ganz im Gegenteil: Man wird Ihnen begeistert zustimmen, wenn Sie gegen Volksfeinde vorgehen.

Was aber langfristig gefährlich werden könnte, sind die subtileren subversiven Methoden, die darauf zielen, Sie und Ihr Regime lächerlich zu machen und Ihnen Würde und Achtung zu nehmen. Satire und Ironie, Flüsterwitze, welche von Mund zu Mund weitergegeben werden und die aktuelle Lage der Gesellschaft schlechtmachen, haben eine destruktive Wirkung. Sie resultiert aus der Tatsache, dass es demjenigen, der humorvoll auf sich und seine Lebenssituation schaut, hilft, sich emotional zu distanzieren (wie sagte der zum Tode Verurteilte, als er am Montagmorgen zum Schafott geführt wurde? – »Die Woche fängt ja gut an!«). Das heißt für Sie: Humor gefährdet Ihre auf die Aktivierung und Nutzung von Gefühlen gerichteten politischen Strategien und Taktiken – also alles, was sich durch Populismus erreichen lässt. Wenn nicht mehr die Angst vor einem Feind das unkritische Zusammenstehen der Volksgemeinschaft und die Opferbereitschaft jedes Einzelnen zur Folge hat, wenn nicht mehr die Begeisterung für die eigene nationale (rassische, kulturelle ...) Großartigkeit den Blick auf die Realitäten und Prioritäten des persönlichen Alltags verhüllt und auch nicht die Angst vor staatlichen Sanktionen den Horizont verengt, dann könnte eine nüchterne Analyse der autoritären Strukturen Ihrer »illiberalen Demokratie« zu einer neuen Bewertung von deren väterlicher Strenge und mütterlicher Fürsorge führen und den Boden für eine oppositionelle Bewegung bereiten.

Solch ein Effekt wird noch dadurch verstärkt, dass Humor mit Vieldeutigkeit, Ambivalenz und Paradoxien spielt, was das von Ihnen und der Bewegung propagierte Schwarz-Weiß-Bild der Welt, in der es nur Entweder-oder gibt, stillschweigend Lügen straft ...

Humor ist ein mächtiges Instrument des Widerstands, das Sie (leider) nicht einfach verbieten können, wenn Sie nicht selbst zur gekränkten Witzfigur werden wollen (zum Beispiel durch Beleidigungsklagen). Aber Ihnen bleibt immer die Option, Satiriker, Kabarettisten, Comedians und jeden, der Humor als Mittel der Politik verwendet, aus offiziell anderen Gründen aus dem Verkehr zu ziehen. Wie schon bei Journalisten in vielen Ländern erfolgreich praktiziert, können Sie auch hier beliebige Straftatbestände konstruieren, sodass Sie diese Subjekte zum Beispiel als feindliche Agenten, Mitglieder von Geheimgesellschaften, Kinderschänder oder Gotteslästerer vor Gericht stellen und verurteilen lassen können. Ziel ist es, sie zum Schweigen zu bringen. Die Gedanken sind zwar frei – und daran werden Sie tendenziell nur durch sehr aufwendige und lange wirkende Propaganda und Gehirnwäsche etwas ändern können –, aber das muss kein Problem für Sie sein. Denn ein Witz, der nicht erzählt (oder gehört) wird, erzeugt kein Lachen.

Es ist so etwas wie ein Naturgesetz: Was in einem sozialen System nicht in die Kommunikation kommt, hat keine soziale Wirkung. Deswegen reicht es vollkommen, wenn Sie verhindern, dass oppositionelle Gedanken weiterverbreitet werden. Sollen sie doch alle in ihren Köpfen subversive Gedanken kreisen lassen, solange sie es für sich behalten, besteht keine Gefahr für Ihre Macht. Dasselbe gilt für alle Versuche, durch Humor, Satire oder Spaßguerilla an Ihrer Herrschaft zu kratzen. Wenn genügend Angst besteht, Witze über Sie und Ihr Regime zu erzählen, schadet der im Privaten verbleibende Humor nicht. Durch ein paar – in der Presse gut aufbereitete – Verurteilungen bekannter »Witzbolde« oder »Clowns« wegen Volksverhetzung oder Verschwörung o. Ä. erzielen Sie mit großer Wahrscheinlichkeit einen vorbeugenden Effekt.

Auch wenn es paradox klingt: Ein Staat, der erlaubt, dass Witze über ihn gemacht werden, ist witzlos.

18 Verbieten Sie dieses Buch …!

(Die Paranoia)

… und lassen Sie seinen Autor und seine Leser wegen Verschwörung verhaften (nicht ohne sie vorher ausgiebig verunglimpft zu haben)!

Über den Autor

Fritz B. Simon, Dr. med., Univ.-Prof. für Führung und Organisation; Psychiater und Psychoanalytiker, systemischer Organisationsberater. Forschungsschwerpunkt: Organisations- und Desorganisationsprozesse in psychischen und sozialen Systemen. Autor bzw. Herausgeber von ca. 300 wissenschaftlichen Fachartikeln und 35 Büchern, die in 15 Sprachen übersetzt sind, u. a.: *Tödliche Konflikte. Zur Selbstorganisation privater und öffentlicher Kriege* (2001), *Die Familie des Familienunternehmens* (2002), *Gemeinsam sind wir blöd!? Die Intelligenz von Unternehmen, Managern und Märkten* (2004), *Einführung in Systemtheorie und Konstruktivismus* (2006), *Einführung in die systemische Organisationstheorie* (2007), *Einführung in die systemische Wirtschaftstheorie* (2009), *Vor dem Spiel ist nach dem Spiel. Systemische Aspekte des Fußballs* (2009), *Einführung in die Systemtheorie des Konflikts* (2010), *Wenn rechts links ist und links rechts. Paradoxiemanagement in Familie, Wirtschaft und Politik* (2013), *Einführung in die (System-)Theorie der Beratung* (2014), *Formen. Zur Kopplung von Organismus, Psyche und sozialen Systemen* (2018). *Der Streit ums Nadelöhr (2019), Lockdown: Das Anhalten der Welt* (2020), *Stalin und der Apparat* (2023)

Fritz B. Simon

Stalin und der Apparat

Die Organisation der Diktatur
und die Psyche des Diktators

262 Seiten, Kt, 2023
ISBN 978-3-8497-0489-6

Das Wiederentstehen autoritärer Gesellschaften lässt die Frage aufkommen, welche Bedeutung die Persönlichkeit von Politikern wie Putin, Orban oder Trump für diese Entwicklung hat. Die allgemeinere Frage dahinter lautet: Passen sich soziale Systeme eher psychischen Strukturen an, oder ist es umgekehrt? Fritz B. Simon studiert ein lehrreiches Beispiel: Stalin und die Sowjetunion. Sein Buch verbindet drei thematische Stränge: die Lebensgeschichte Stalins in ihrem his torischen Kontext; die Dynamik der zum jeweiligen Zeitpunkt für ihn relevanten sozialen Systeme; und die psychische Entwicklung Stalins zur beschriebenen Zeit. Für die Analyse der sozialen Systeme, deren Mitglied Stalin war – von der Familie bis zum Staat –, zieht Simon Konzepte der Familienforschung und der soziologischen Systemtheorie heran. Die Analyse von Stalins psychischer Entwicklung ruht auf psychoanalytischen Konzepten. Dieser methodische Doppelzugang deckt eine Koevolution auf, die zu einer schrecklichen Diktatur mit einem der grausamsten Diktatoren der Weltgeschichte führte. Stalin und die UdSSR erweisen sich dabei als Lehrstück, das einen sehr erhellenden Blick auf die Gegenwart eröffnet.

Carl-Auer Verlag • www.carl-auer.de

Steve Ayan

Was man noch sagen darf

Die neue Lust am Tabu

„Steve Ayan verblüfft immer wieder mit Dingen, die wir eigentlich gar nicht über uns wissen wollen – aber sollten.“
Eckart von Hirschhausen

90 Seiten, Kbr, 2. Aufl. 2023
ISBN 978-3-8497-0453-7

Was darf man heute noch sagen? Eigentlich alles. Dennoch stellen sich viele Menschen genau diese Frage. Sie haben das Gefühl, man könne sich mit bestimmten Redeweisen oder Aussagen schnell den Mund verbrennen, werde für die falschen Ansichten geschasst und diffamiert. Stimmt das? Tatsächlich laden manche den Appell zu gendergerechter, mitmeinender, antistigmatisierender oder respektvoller Sprache moralisch extrem auf. Die so erzeugte Scham soll bestimmte Aspekte und Argumente aus der Diskursarena ausschließen. Doch sie bewirkt eher das Gegenteil: Die Folgen sind Trotz und verhärtete Fronten. Letztlich dienen solche moralisierenden Vorhaltungen und das »Shaming« in sozialen Medien also nicht der Sache, sondern der Aufwertung des eigenen Egos. Es ist ein Spiel um Status und Zugehörigkeit. Andere wiederum, vor allem am rechten Rand des politischen Spektrums, reden Tabus bewusst herbei, um sich als Freiheitskämpfer zu inszenieren. Beides geht an der Realität vorbei und vergiftet die Debattenkultur. So entsteht eine Spirale aus Empörung und Tabubrüchen, die uns nicht weiterbringt. Was wir stattdessen brauchen, ist mehr Mut zur gegenseitigen Zumutung, Klarheit im Argumentieren und ein ironisches Verhältnis zum Tabu.

Carl-Auer Verlag • www.carl-auer.de